BATALHAS MORAIS
Política identitária na esfera pública
técnico-midiatizada

BATALHAS MORAIS
Política identitária na esfera pública
técnico-midiatizada

Richard Miskolci

autêntica

Copyright © 2021 Programa de Educação para a Diversidade – ProEx/UFOP

Todos os direitos reservados pela Autêntica Editora Ltda. Nenhuma parte desta publicação poderá ser reproduzida, seja por meios mecânicos, eletrônicos, seja via cópia xerográfica, sem autorização prévia da Editora.

COORDENADORA DA SÉRIE
CADERNOS DA DIVERSIDADE
Keila Deslandes

CONSELHO EDITORIAL
Adriano Nascimento – UFMG
Alcilene Cavalcante de Oliveira – UFG
Carla Cabral – UFRN
Érika Lourenço – UFMG
Keila Deslandes – UFOP
Mônica Rahme – PUC Minas
Richard Miskolci – UNIFESP

EDITORAS RESPONSÁVEIS
Rejane Dias
Cecília Martins

REVISÃO
Julia Sousa

CAPA
Alberto Bittencourt
(Sobre imagem de Bloomicon/ Shutterstock)

DIAGRAMAÇÃO
Larissa Carvalho Mazzoni

Dados Internacionais de Catalogação na Publicação (CIP)
(Câmara Brasileira do Livro, SP, Brasil)

Miskolci, Richard
 Batalhas morais : política identitária na esfera pública técnico-midiatizada / Richard Miskolci. -- 1. ed. ; 1. reimp.-- Belo Horizonte : Autêntica, 2021. -- (Cadernos da Diversidade / coordenação Keila Deslandes)

 ISBN 978-65-5928-022-3

 1. Diversidade 2. Gênero e sexualidade 3. Ideologia 4. Sexualidade I. Deslandes, Keila. II. Título III. Série.

21-54569   CDD-305.4

Índices para catálogo sistemático:
1. Gênero, mídia e sociedade : Sociologia 305.4

Aline Graziele Benitez - Bibliotecária - CRB-1/3129

Belo Horizonte
Rua Carlos Turner, 420
Silveira . 31140-520
Belo Horizonte . MG
Tel.: (55 31) 3465 4500

São Paulo
Av. Paulista, 2.073, Conjunto Nacional, Horsa I
Sala 309 . Cerqueira César 01311-940
São Paulo . SP
Tel.: (55 11) 3034 4468

www.grupoautentica.com.br
SAC: atendimentoleitor@grupoautentica.com.br

Para Rossana Rocha Reis.

*Canudos foi a minha guerra...
e cada um tem a guerra que lhe cabe.
Afinal de contas, podemos nos afogar
tanto num barril de água como no oceano Atlântico.*

Sándor Márai, *Veredicto em Canudos*

Essa persistência da política em meio à destruição da vida pública, e especialmente a vida pública educada, combinada com a transformação da esfera pública em mercado, é parte do que faz a política contemporânea particularmente repulsiva e tóxica – cheia de retórica e disfarce, esvaziada de seriedade intelectual, servindo a um eleitorado iletrado e manipulável, e uma mídia corporativa faminta por celebridade e escândalo.

Wendy Brown, *Undoing the Demos*

Sumário

Apresentação 11

Introdução 19

Capítulo 1
As diferenças na esfera
pública técnico-midiatizada 29

Capítulo 2
"Ideologia de Gênero":
os empreendedores morais e sua cruzada 49

Capítulo 3
A política identitária no neoliberalismo 67

Capítulo 4
O vocabulário identitário:
"local de fala", "experiência" e "cisgeneridade" 81

Capítulo 5
Epílogo para uma era de batalhas morais 91

Referências 103

Agradecimentos 110

Apresentação

Bila Sorj[1]

Este livro, denso e provocativo, enfrenta questões centrais para o Brasil contemporâneo. Por um lado, examina a aglutinação de diversos setores sociais em torno do combate a uma suposta "ideologia de gênero", e o avanço da agenda econômica neoliberal e da pauta de costumes encarnados na vitória eleitoral de Jair Bolsonaro. Por outro, dedica atenção à erosão do debate democrático no país nas últimas décadas, aos ativismos identitários e sua relação ambivalente com a universidade, a ciência e as instituições.

Todos esses acontecimentos estão alinhavados pelo olhar sociológico e analítico aguçado de Richard Miskolci, que, sem produzir explicações simplistas, relaciona-os aos abalos, rupturas e transformações impulsionados pelo impacto das redes sociais digitais na esfera pública na última década. Ao fazê-lo, o autor conecta debates e trabalha com conceitos que hoje se encontram dispersos ou confinados a áreas de especialização acadêmica que raramente se comunicam.

O intercâmbio de teorias e conceitos entre os estudos de gênero, os estudos de sociologia digital e o campo de investigação dos movimentos sociais permite que uma teia complexa de relações sociais venha à tona. Gênero e sexualidade tornaram-se o eixo principal de uma verdadeira guerra cultural em torno de valores, crenças e práticas no Brasil em anos recentes. Nesse embate, contrapõe-se a cruzada moral contra

---

[1] Professora Titular de Sociologia na Universidade Federal do Rio de Janeiro (UFRJ).

a "ideologia de gênero" de segmentos religiosos e da extrema-direita à "política das identidades" dos setores progressistas. Se, à primeira vista, essa oposição sugere mundos apartados, Richard mostra como esses dois polos se conectam em uma linguagem comum, que tem como eixo principal uma chave individualista e moral – e, portanto, antissociológica e anti-intelectual – de leitura da realidade.

Sem incorrer em determinismo tecnológico, o autor mostra como as redes sociais contribuíram para esse estado de coisas, ao se tornarem o espaço hegemônico do enfrentamento político. A contrapelo do senso comum comercial e de muitos analistas que concebem as redes sociais como espaços mais democráticos devido à sua suposta horizontalidade, o autor mostra, de maneira convincente, como as plataformas operam na promoção da polarização do debate e sua metamorfose em disputa moral, através de simplificações facilmente viralizáveis e da exacerbação do individualismo.

O livro traça a emergência do termo "ideologia de gênero", criado em oposição à agenda dos direitos sexuais e reprodutivos promovida em conferências internacionais da ONU da década de 1990, em torno da qual se construiu uma aliança política conservadora, que reúne religiosos e laicos. Investigando os protestos de 2013 no país, que surpreenderam muitos analistas, e o contexto político que contribuiu para a sua ocorrência, esta obra mostra como os grupos de extrema-direita ganharam influência crescente na vida política nacional.

Tal qual uma cruzada, os empreendedores morais desse campo político passaram a defender ativamente a família como indissociável da heterossexualidade e do controle dos homens em relação às mulheres e aos filhos. Opondo-se às mudanças legais e comportamentais em curso na sociedade brasileira, disseminaram o pânico moral sobre o que entendem como uma ameaça à ordem natural ou divina de gênero, família e sexualidade.

De acordo com a análise histórica de Miskolci, a última década testemunhou um duplo movimento: ao mesmo tempo que a ação desses empreendedores morais fazia minguar os canais de interlocução dos movimentos sociais com o Estado, as redes sociais digitais acenavam como um espaço no qual os movimentos poderiam ter acesso ao microfone público. No entanto, assim como recepcionaram os movimentos LGBTI+, essas redes, dada a sua natureza comercial, foram terreno ainda mais fértil para grupos políticos de extrema-direita e para a disseminação de pânicos morais sexuais.

Até então detentores de pouca representatividade social, esses atores encontraram nas redes sociais o ambiente propício para construir uma base mais ampla de seguidores. Adotando como estratégia de comunicação nas redes sociais a propagação de notícias fraudulentas, angariaram apoio e votos para seus líderes e candidatos, e chegaram ao poder em 2018. Contaram, para tal, não apenas com a complacência das corporações que detêm essas redes, mas também se adaptaram ao seu modelo de negócios, que remunera cliques e curtidas independentemente da sua veracidade, destaca e prioriza conteúdos através da venda de anúncios segmentados por audiência e abre amplas brechas para a montagem de operações ilegais de disseminação de notícias fraudulentas.

Os efeitos apontados por Richard, no entanto, não se detêm nesse ponto, mas se estendem, também, ao próprio campo progressista. Como o autor demonstra, as tecnologias incorporam os valores de quem as projeta em sua própria arquitetura. Uma plataforma como o Facebook, por exemplo, foi inspirada nos anuários das escolas norte-americanas de ensino médio e reflete a cultura escolar de disputa por popularidade e empreendedorismo de si que viceja nesses ambientes. Cabe acrescentar que o design das redes sociais digitais atende fundamentalmente a objetivos econômicos. Seu lucro é baseado na coleta de quantidades massivas de dados e na venda de mercados e predições futuras das ações dos usuários. Para que isso seja possível, as plataformas os incentivam a fazer performances, construir expressões individuais de si nos seus perfis, além de se conectar e interagir constantemente com os outros, de modo que a informação gerada se converta em mercadoria a ser vendida para anunciantes.

Por consequência, tais redes incentivam práticas competitivas por meio de posts, reposts, curtidas e comentários, que constroem, assim, uma espécie de "ranking" social dos usuários através da quantidade de seguidores e de respostas positivas às suas postagens. No campo progressista, isso tem se traduzido em mostrar-se sempre mais virtuoso, moral e punitivista do que os outros – o que se traduz nas constantes "tretas" e "cancelamentos" que dilaceram a esquerda e dificultam a construção de coalizões.

O autor mostra como os movimentos identitários brasileiros, sobretudo o de Lésbicas, Gays, Bissexuais, Travestis, Transexuais, Pessoas Intersexo e outros/as (LGBTI+), a despeito de serem muito anteriores à internet, potencializaram-se pela emergência de uma nova geração de ativistas que cresceu conectada a essas redes sociais e que foi introduzida na luta política na década de 2010. Os jovens socializados nas plataformas técnico-comunicacionais e culturais, que seguem uma lógica neoliberal, experimentam um processo de descoberta de questões políticas a partir da compreensão de si como parte de uma identidade-perfil da ação política sem mediações. Aderindo a respostas imediatas e diretas ao que sua rede virtual reconhece como injustiças, eles recusam a presença de mediadores sociais e instituições. Os usuários assumem práticas de ação direta, que, na versão on-line, se expressa no escracho contra os adversários.

As redes sociais e sua tendência à produção de bolhas informacionais ou "câmaras de eco" mostraram possuir uma série de afinidades eletivas com a política da identidade, que implica um trabalho constante da sua gestão através de ações reiteradas de construção da diferença, da manutenção de fronteiras bem delimitadas com o seu exterior e da produção de repertórios de práticas e de conceitos que favorecem a sua coesão interna. Como resultado, disseminou-se nas redes sociais a "novilíngua" da área de gênero e sexualidade, que tem no seu léxico expressões como "local de fala", "experiência" e "cisgeneridade".

Miskolci examina as premissas ontológicas e epistemológicas contidas nessas expressões, conjugando os debates sobre epistemologia e metodologia das ciências sociais às reflexões acadêmicas do campo de estudos de gênero. Ao fazê-lo, oferece lições sociológicas valiosas. Em comum, elas apresentam a compreensão do conhecimento e da política como algo pessoal, da ordem das escolhas individuais e, no limite, morais. O autor demonstra como essa lente despolitiza e esvazia a discussão sobre o papel do Estado, da legislação e das políticas públicas na promoção dos direitos humanos e sexuais, e acaba por levar essas questões para o terreno em que a direita age mais confortavelmente e tem conquistado vitórias sucessivas: o da moralidade e dos costumes.

No seu entendimento, as características das redes sociais potencializam seu uso por empreendedores – quer à direita ou à esquerda, a favor ou contra os direitos humanos –, mas, apesar de suas perspectivas opostas, contribuem da mesma forma para o empobrecimento do debate político. Essas ideias passam também a frequentar o ambiente acadêmico, produzindo um apagamento das diferenças entre o trabalho militante e científico. Isso porque, quem legitima seu argumento e sua visão da sociedade em nome da vivência pessoal, ancorada nas próprias experiências de vida, às quais só ele tem acesso, retira qualquer função da pesquisa científica. A consequência disso é a desvalorização das universidades, dos professores universitários e de sua produção científica como fonte de conhecimento legítimo. Os ataques conservadores contra a liberdade de cátedra e a função das universidades, sobretudo na área de Humanidades, refletiriam a mesma recusa de mediações no campo progressista. Certamente, toda pesquisa científica apresenta algum tipo de orientação normativa e é historicamente datada, mas o que diferencia a ciência de outras formas de busca do conhecimento é que ela se assenta em argumentos racionais, que podem ser refutados empiricamente e pelos quais pesquisadores e instituições assumem responsabilidade.

A "política das identidades", como modo de expressão da diferença, tem sido criticada há várias décadas. Muitos comentaristas de esquerda veem a política de identidade como uma espécie de incômodo representando a supremacia da crítica cultural em detrimento da análise das raízes materiais da opressão e do capitalismo. Os marxistas muitas vezes interpretam a ascensão da política de identidade como representando o fim da crítica materialista do capitalismo. Ela é considerada como divisionista e despolitizante, pois desloca a atenção dos problemas do capitalismo para demandas culturais, mantendo inalteradas as estruturas socioeconômicas. Para eles, a ideia de que é preciso mudar as pessoas para modificar desigualdades, deixando as relações em que as pessoas se encontram intocadas, é a receita perfeita para manter as desigualdades e permitir o avanço de leituras individualistas e neoliberais de mundo.

Tanto para esses críticos quanto inclusive para aqueles que, mais recentemente, propugnam por uma aliança estratégica entre movimentos sociais, de caráter não hierárquico, sem pretensões hegemônicas, o tema do ativismo em modo identitário permanece inquestionado. Reflexões sobre gênero, raça e desigualdades a partir de uma base material, estrutural e institucional – e não apenas comportamental – também têm grande força. Apenas para mencionar um exemplo, Nancy Fraser (2006) tem frisado há décadas a importância de conjugar as agendas políticas que envolvem injustiça na cultura (reconhecimento) com a economia (redistribuição) e a política (representação). Há, de acordo com ela, uma série de problemas e de graves riscos na ênfase excessiva na cultura e no discurso em detrimento da crítica à economia política.

É sobre a própria noção de identidade do movimento de libertação de lésbicas e gays que incide a reflexão crítica de Richard. A noção de que a escolha de objeto sexual pode, segundo o autor, definir quem é uma pessoa é desafiada em benefício de uma visão que descontrói e desnaturaliza as identidades, concebidas como mais fluidas e matizadas do que supõe o esforço de seu enquadramento em categorias fixas e compartimentadas.

Produto de uma tese de titularidade apresentada à Universidade Federal de São Paulo (UNIFESP), o livro de Richard Miskolci atravessa as fronteiras entre o texto acadêmico, o ensaio e o memorial, sem prejuízo do rigor científico. Além de articular pesquisas desenvolvidas pelo autor ao longo da sua trajetória, o texto traz reflexões sobre o campo de estudos de gênero e suas transformações ao longo de uma década. No entanto, possui a qualidade rara de enxergar além do horizonte desse campo de estudos e, ao analisá-lo, examinar também uma década de profundas transformações na sociedade brasileira.

Esta obra promove um exercício que tem se tornado incomum. No ambiente das redes sociais, mecanismos algorítmicos são calibrados para nos servir sempre mais e mais da mesma dieta de informações, baseada nos nossos gostos e preferências. O autor, por outro lado, propõe que lidemos com ideias incômodas, desconcertantes e que questionemos nossas certezas. De escrita fluida e acessível, o trabalho convida estudantes, professores e ativistas a fazer uma pergunta fundamental: como desejamos nos relacionar uns com os outros, com nossas diferenças e discordâncias?

A publicação pela revista americana Harper de "A Letter on Justice and Open Debate" ["Uma carta sobre justiça e debate aberto"], assinada por centenas de proeminentes escritores, acadêmicos e artistas, abordando o enfraquecimento da cultura pluralista e o livre confronto de ideias, em particular, vindos do campo progressista, é um sintoma por demais eloquente do mal-estar com os fundamentos da cultura democrática na atualidade. Esta preocupação está presente também em autores como Paul Gilroy, Asad Haider, Angela Nagle e outros.

Vivemos um tempo em que a democracia tem navegado em meio a paradoxos. Por um lado, é inegável que há o fortalecimento de demandas por reconhecimento e igualdade social de grupos historicamente marginalizados, sobretudo mulheres, negros e minorias sexuais. Por outro, intensificou-se um conjunto de representações, e práticas políticas e morais que tendem a enfraquecer as normas da convivência democrática, baseadas na tolerância, no convencimento, na livre troca de ideias.

Diante disso tudo, é difícil exagerar a importância da contribuição deste livro para pensarmos o momento político brasileiro. Trata-se de um estudo sociológico aprofundado e sofisticado da erosão do debate democrático no país nas últimas décadas, exacerbado pela emergência de um espaço público técnico-mediatizado que potencializa o individualismo neoliberal, incentivando a recusa dos mediadores sociais, quer sejam instituições ou pessoas.

A obra que o leitor tem em mãos é um convite auspicioso para repensarmos a política pautada por confrontos identitários e cultivarmos concepções mais amplas de justiça social, que podem acomodar demandas pelo reconhecimento da diferença, sem perder a capacidade de diálogo e questionamento. Essas são reflexões urgentes para quem deseja fortalecer o espaço público democrático e construir coalizões políticas amplas que possam fazer frente aos processos de precarização da vida e desdemocratização que estão atualmente em curso no Brasil.

Introdução

As origens dos conflitos atuais em torno dos estudos de gênero e dos direitos sexuais e reprodutivos remonta a 2010. Naquele ano aconteceu a campanha eleitoral em que – pela primeira vez na história – duas mulheres concorriam à presidência com chances reais de vitória: Dilma Rousseff e Marina Silva, fato que trouxe a possível descriminalização do aborto ao centro das discussões públicas (LUNA, 2014). No segundo turno, a força dos segmentos conservadores convenceu a então candidata Dilma a se unir a lideranças religiosas, prometendo não propor a modificação da legislação sobre aborto em seu governo.

Rousseff foi eleita e, ainda que não tenha avançado na agenda dos direitos sexuais e reprodutivos, uma coincidência marcaria seu primeiro ano de governo e criaria uma liderança que se tornaria central em sua queda e posterior substituição na presidência. Em maio de 2011, o Supremo Tribunal Federal (STF) reconheceu legalmente as uniões entre pessoas do mesmo sexo. Em retaliação, um deputado obscuro com bases eleitorais militares e religiosas "denunciou" um programa federal de combate à discriminação sexual e de gênero nas escolas como sendo um suposto "kit gay" que ameaçaria nossa infância. Assim, Jair Messias Bolsonaro desencadeou um pânico homossexual e colocou a escola no olho do furacão político que se armava.

Retrospectivamente, é possível reconhecer que a eleição da primeira mulher como presidente da república por um partido de esquerda – em meio à extensão de direitos a homossexuais –

criou uma oportunidade para que setores à direita no espectro político pudessem começar a associar a esquerda a uma agenda moral. O medo evocado na luta contra o material antidiscriminação sexual nas escolas é de que, se distribuído, tornaria as crianças homossexuais. O pânico revelou-se suficiente para convencer Rousseff a vetar o material e serviu para a direita começar a unir bases de apoio em torno de uma plataforma que terminaria sendo encabeçada por Bolsonaro.

Os principais avanços sociais encampados pelo governo Rousseff envolveram as desigualdades étnico-raciais e de classe. Depois de aprovadas pelo STF, em agosto de 2012, o governo implementou as ações afirmativas no ensino superior público federal, garantindo 50% das vagas para estudantes provenientes de escolas públicas, com baixa renda, negros, pardos e indígenas. Em abril de 2013, também foi aprovado pelo Congresso Nacional o Projeto de Emenda Constitucional 72 (a "PEC das domésticas"), um marco na extensão de direitos trabalhistas a mais de seis milhões de mulheres, em sua maioria negras e com baixa escolaridade. Tais medidas futuramente alimentariam reações de segmentos sociais que se consideraram afetados negativamente, em termos econômicos e simbólicos, pelo governo do Partido dos Trabalhadores (PT).[2]

Em 2013, quando o Supremo Tribunal Federal igualou as uniões entre pessoas do mesmo sexo ao casamento, novo impulso foi dado à Frente Parlamentar Evangélica (FPE) no Congresso Nacional, um conjunto de parlamentares que têm em comum uma base eleitoral religiosa e uma plataforma moral que, segundo Reginaldo Prandi e Renan W. dos Santos (2017), em seu estudo sociológico, é mais rígida do que a de seus próprios

---

[2] O importante marco da promulgação da Lei do Feminicídio (2015) não está incluído entre esses avanços porque não resultou em conflitos e controvérsias como as ações afirmativas e a PEC das domésticas. O objetivo aqui é enfatizar medidas que geraram reações e acumularam ressentimentos em relação ao governo que, posteriormente, seria impedido.

eleitores. Rousseff mais uma vez cedeu e permitiu que um deputado evangélico assumisse a direção da comissão de direitos humanos do legislativo. Nas redes sociais e na sociedade, começava a se instalar a polarização política em torno das demandas de igualdade de direitos que rapidamente foi traduzida para o senso comum como sendo uma agenda de costumes.

A disputa se dava entre lideranças políticas evangélicas – que pesquisas como as de Santos e Melo (2018) mostram ter desejo de protagonismo moral desde a Constituinte de 1988 – e redes ativistas identitárias com relações controversas aos estudos acadêmicos de gênero e sexualidade, fato este que explorarei em detalhe, mais adiante, no Capítulo 1, sobre o papel das redes sociais na criação de uma esfera pública afeita a criar polarizações e inibir diálogos.

À época, a imprensa e as redes sociais ajudaram a criar a impressão de que os que se opunham ao avanço dos direitos sexuais e reprodutivos eram religiosos, especialmente evangélicos neopentecostais. Por meio de um olhar sociologicamente mais cuidadoso, reconheceríamos o fato de que tal segmento era apenas o mais visível – até pelo fato de contar com muitos pastores entre eles – em um movimento mais amplo que incluía uma maioria invisível de católicos e até não religiosos. Lideranças políticas com eleitorado religioso se beneficiaram da forma como ativistas se voltaram contra o que chamavam de "fundamentalismo religioso", contribuindo para que a agenda de direitos e a área de pesquisa em gênero e sexualidade começassem a serem vistas como uma ameaça moral à sociedade brasileira.

Na esfera política, assim, começava a se esfumaçar a fronteira entre os movimentos sociais e uma área de investigação acadêmica como se fossem a mesma coisa, no caso, um inimigo comum. Entre 2014 e 2015 – em meio aos embates sobre a inclusão de uma perspectiva de gênero no Plano Nacional de Educação (cf. DESLANDES, 2015), no contexto de oposição crescente ao governo Dilma Rousseff e aos escândalos de corrupção envolvendo o PT –, tal inimigo comum, que se misturava à agenda de direitos sexuais e reprodutivos, aos estudos de gênero, à presidente mulher de esquerda e à corrupção, começou ser chamado de "ideologia de gênero".

As disputas sobre a inclusão do termo "gênero" nos congêneres planos estaduais e municipais de educação capilarizaram a polarização política, disseminando consigo, Brasil afora, um pânico moral. Pânico este que criou uma plataforma capaz de articular segmentos sociais diversos em uma campanha com feições de cruzada. Os cruzados contemporâneos – na verdade, empreendedores morais com objetivos bem materiais e terrenos – encontraram na retórica da moralidade pública a janela de oportunidade para articular sua vitória eleitoral.

"Ideologia de gênero", um termo criado em oposição aos direitos sexuais e reprodutivos em conferências internacionais da Organização das Nações Unidas (ONU) na década de 1990, foi emprestado ao conservadorismo católico e ressignificado no Brasil da segunda metade da década de 2010. Afinada com uma tendência internacional, mais forte em países europeus de passado comunista, como Hungria e Polônia, e latino-americanos que tiveram governos de esquerda recentes, nossa direita encontrava a oportunidade para articular uma vitória eleitoral contra a esquerda que podia associar corrupção econômica e moral.

Diferentemente de teorias da conspiração que imaginam uma articulação global antigênero, os dados empíricos de minha investigação apontam para o fato de que a maioria dos embates em torno de gênero e sexualidade tem se dado a partir de conflitos políticos locais (MISKOLCI, 2018a; 2018b). A cruzada moral brasileira contra a propalada "ideologia de gênero" só é compreensível quando inserida em nosso contexto histórico e político. No Brasil, desde ao menos a Era Vargas, a luta contra a corrupção é periodicamente acionada pela oposição para desestabilizar governos. Ajudou a eleger populistas como Jânio Quadros, vencer a esquerda com Fernando Collor e também contribuiu para a ascensão de Luiz Inácio Lula da Silva ao poder em 2002.

Ser contra a corrupção é como ser contra a fome: óbvio e ululante! Alguém afirmaria o contrário? A pauta anticorrupção encontrou o momento oportuno para voltar ao centro da vida política em meio à Operação Lava Jato e, como nos outros momentos históricos mencionados, tendo como alvo o governo em exercício. Os novos protagonistas da cruzada pela moralidade pública não focaram (apenas) na corrupção dos negócios públicos, mas aproveitaram para associar a ela transformações recentes nas relações de poder entre homens e mulheres, hétero e homossexuais.

O embate entre os blocos antagônicos se estendeu das câmaras legislativas às redes sociais, revelando-se um elemento aglutinador que ampliou exponencialmente o número de seguidores dos conservadores, garantindo-lhes uma audiência cativa que lhes servia naquele momento, mas seria ainda mais decisiva nas eleições de 2018. Do período das disputas em torno dos planos de educação, grosso modo entre 2014 e 2016, passou-se ao de denúncias e perseguições a educadores, artistas e intelectuais vistos como alguma forma de ameaça.

Foi então que iniciei a pesquisa que resultou neste livro, unindo a revisão da bibliografia disponível sobre o uso das redes digitais e da observação sistemática da aliança de grupos políticos de extrema-direita que se forjou a partir de 2013, construí a base empírica de minhas análises. A observação dos grupos se deu de duas formas: qualitativamente, por meio de seleção, acompanhamento e análise dos perfis e das postagens daqueles que se aliaram desde 2013 em torno de uma agenda política comum; e, de modo complementar, em termos quantitativos, também pelos dados disponibilizados nos relatórios semanais do site manchetometro.com.br sobre os posts mais compartilhados em plataformas como o Facebook.

Ações do Escola sem Partido (ESP) e do Movimento Brasil Livre (MBL) materializaram perseguição a educadores no ensino básico e médio, acusando-os de "doutrinadores de esquerda", entre outras razões pela suspeita de abordarem questões de gênero na escola. Por sua vez, o ensino superior público passou a ser alvo de operações da Polícia Federal em dezembro de 2016, com a chamada Operação PhD, deflagrada para investigar supostos desvios de verbas de pesquisa na Universidade Federal do Rio Grande do Sul (UFRGS). Em 2017, operações similares ocorreram em universidades federais do Paraná, Mato Grosso do Sul, Rio Grande do Norte, Santa Catarina, Minas Gerais e, em 2018, novamente no Paraná e em uma universidade estadual do Piauí (MISKOLCI; PEREIRA, 2019).

Na Universidade Federal de Santa Catarina (UFSC), uma operação da Polícia Federal terminou em tragédia quando o reitor se suicidou, em outubro de 2017. Na mesma época, uma exposição de arte – o Queer museu: cartografias da diferença na arte brasileira – foi objeto de uma campanha do MBL na internet e acabou sendo fechada. Ainda no final de 2017, a filósofa Judith Butler enfrentou protestos e uma perseguição por fanáticos em um aeroporto de São Paulo. Afinal, o que explica essa transformação de educadores, artistas e intelectuais em alvo?

Compreendo o que se passou como uma expressão contemporânea e localizada de pânico moral, o qual adquiriu tons de pânico sexual quando envolveu temas de gênero e sexualidade. O fenômeno dos pânicos morais tem sido estudado ao menos desde a década de 1970, quando foi publicado o clássico estudo de Stanley Cohen. Na década de 1980, feministas reconheceram que ele podia se manifestar na forma de uma preocupação moral com a sexualidade (cf. MISKOLCI, 2007). Foi o período mais mortal da epidemia de AIDS e, nos Estados Unidos, a época das *sexual wars* – em que os feminismos se dividiram entre os que apoiavam uma cruzada antipornografia e assédio sexual, e os que criticavam o puritanismo que regia essa agenda.

Qualquer que seja o pânico – moral ou sexual –, ele revela um medo desproporcional em relação a um tema e promove também uma reação exagerada a ele. O pânico é disseminado por um grupo de interesse que passa a agir empreendendo uma campanha que pode adquirir características de cruzada. Assim, expressa de forma extrema a indignação moral de um grupo que considera que algo violou um valor compartilhado, ameaçando sua identidade. No Brasil da década de 2010, uma forma híbrida de pânico moral/sexual se armou contra o que os empreendedores morais chamaram de "ideologia de gênero".

Neste livro, destaco e analiso como esse pânico foi potencializado pelo avanço do ativismo identitário no Brasil, alcançando, como não poderia deixar de ser, os espaços educacionais e acadêmicos. Sublinho meu respeito aos colegas da sociedade civil organizada e reconheço a importância do ativismo político em prol da igualdade social e da justiça. Da mesma forma, legitimo a universidade como uma instituição que materializa a conquista histórica de gerações que lutaram pelas condições para desenvolver pesquisa em um diálogo profícuo com todos os atores sociais, mantendo sua relativa autonomia – indispensável para que a academia seja um espaço que acolha democraticamente as divergências.

A universidade não pode se tornar instrumento dos interesses das elites ou dos movimentos sociais sem abandonar seu papel crítico, social e político, de intermediação por meio da pesquisa científica e da disseminação do conhecimento. Não seria exagero afirmar que, na década de 2010, a universidade brasileira foi disputada pelos ativismos identitários na mesma medida ou até mais do que foi atacada externamente pelos conservadores. Aquelas e aqueles que buscaram criar diálogos foram atacados e perseguidos em um impulso anti-intelectual vindo de dentro e de fora da instituição.

Espero que esta obra abra caminho para novas análises, que vozes caladas de colegas perseguidos voltem a se expressar criticamente, não apenas em relação aos segmentos que empreenderam uma nova cruzada moral, mas também em relação aos ativismos identitários e seu repertório conceitual e de ação que inclui o escracho, o cancelamento, a vigilância comportamental e ideológica. Esse repertório não colabora para alcançarmos uma sociedade mais democrática e inclusiva. Ao contrário, trouxe-nos a um conflito permanente, novas formas de censura e, inclusive, pode ter contribuído para a extrema-direita chegar ao poder.

Neste livro analiso a década de 2010 no Brasil sob a perspectiva de alguém do campo dos estudos de gênero e sexualidade que discorda das escolhas e dos caminhos hegemônicos que o ativismo e a pesquisa nessas áreas tomaram. Reconheço que há diferentes formas de atuar politicamente e pesquisar, e a que se materializou entre nós converteu a diferença, algo sempre plural e em eterna produção, em um simulacro: a identidade. Enquanto a diferença é um conceito afeito a compreender o contínuo refazer dos sujeitos, suas relações e a sociedade, a identidade é seu oposto, parente do autoritarismo e do ódio à diferença.

No primeiro capítulo, "As diferenças na esfera pública técnico-midiatizada", apresento os antecedentes e as condições que moldaram estruturalmente os embates políticos na sociedade contemporânea. Analiso os protestos de junho de 2013 como o ponto de inflexão que consolidou o papel dos serviços comerciais de redes sociais na formação da opinião pública brasileira. Sublinho não apenas as características técnicas, mas também as culturais e midiáticas que potencializaram o individualismo neoliberal incentivando a recusa e a perseguição aos mediadores sociais, quer sejam instituições ou pessoas. A análise do papel das plataformas na polarização do debate público e sua metamorfose em disputa moral tornarão mais compreensíveis as críticas dos capítulos seguintes aos empreendedores morais contra o gênero, assim como aos empreendedores de si da política identitária.

O capítulo "'Ideologia de Gênero': os empreendedores morais e sua cruzada" reconstitui historicamente e analisa em termos sociológicos como esse referente viabilizou uma aliança política conservadora. Grupos de interesse disseminaram propositalmente o medo de uma suposta ameaça ao povo brasileiro para angariar apoio e votos para seus líderes e candidatos. Desfazer essa estratégia é fundamental para questionar não apenas a plataforma moral que alçou a extrema-direita ao poder, mas – também – o uso das pautas de gênero e sexualidade como uma agenda impositiva de costumes. De forma sintética, o capítulo busca responder à questão: a quem interessa apresentar demandas de igualdade e justiça como "ideologia"?

Em seguida, em "A política identitária no neoliberalismo", discuto como um segmento da política sexual seguiu a linha da defesa de identidades fazendo uso de um repertório de práticas como o escracho e o cancelamento, formas de censura e perseguição não apenas em relação a seus adversários, mas também entre aquelas e aqueles comprometidos com a construção de uma sociedade mais igualitária. Buscarei analisar como esse segmento da política das diferenças alimenta a extrema-direita nas redes sociais ao mesmo tempo que dissemina anti-intelectualismo dentro do campo de estudos de gênero.

Em "O vocabulário identitário: 'local de fala', 'experiência' e 'cisgeneridade'", analiso o vocabulário acionado pelo ativismo identitário contra as mediações analíticas da produção científica dos estudos de gênero. A partir das reflexões de Gayatri Spivak, em seu clássico ensaio "Pode o subalterno falar?", discuto a incorporação da noção de "local de fala" no Brasil da década de 2010, sua vinculação com uma compreensão equivocada de "experiência" que refuto por meio da historiadora feminista Joan W. Scott e – baseado em Judith Butler – como a noção de "cisgeneridade" contradiz as teorias feministas e queer sobre o gênero como produto de regimes regulatórios. Em comum, tais críticas confluem no objetivo de questionar o uso das diferenças em uma forma de política identitária neoliberal também assentada no autoritarismo, na censura e no anti-intelectualismo.

A partir das reflexões anteriores, o livro chega ao capítulo "Epílogo para uma era de batalhas morais", em que argumento que a universidade e a escola têm sido afetadas e discuto como elas podem reafirmar seu papel social dialógico na produção e na disseminação do conhecimento. Apresento uma reflexão preliminar sobre as lições que aprendemos na última década, em que a defesa de direitos humanos se deu em formas que exigem ser reavaliadas. Quem luta por uma sociedade melhor – mais democrática, inclusiva e justa – não precisa agir nos mesmos termos que critica em seus adversários políticos. Sobretudo, é necessário recusar o registro moral das discussões em favor de outros, mais racionais, como o do direito e da saúde pública.

A seguir, antes de descrever e analisar cada um dos exércitos que se formou para as batalhas em torno de questões de gênero, sexualidade, direitos sexuais e reprodutivos, dou um necessário passo atrás, convidando quem me lê a conhecer mais detidamente o papel das redes sociais on-line na criação de uma esfera pública técnico-midiatizada sem a qual não teríamos chegado ao conflito como o vivenciamos nos últimos anos.

Capítulo 1

As diferenças na esfera pública técnico-midiatizada

São múltiplas as formas de se engajar em debates e lutas políticas. Qualquer que seja a forma de atuação política, inevitavelmente será moldada não apenas pelos objetivos conscientes dos agentes, mas também pelo contexto em que se desenrola. Compreender as políticas das diferenças na década de 2010 e seus impactos sociais exige analisar a disseminação dos serviços comerciais de redes sociais que nos trouxeram a uma nova esfera pública. Redes como Facebook, X e YouTube definem a relevância de um conteúdo a partir de métricas de atenção verificadas por visualizações, curtidas e compartilhamentos, portanto, definindo e impulsionando temas de discussão em uma lógica que, nas palavras de Frank Pasquale (2017, p. 18), "submete o pluralismo e as funções democráticas do discurso aos interesses mercadológicos, automatizando a esfera pública".

Segundo Jürgen Habermas (1999), a esfera pública é a dimensão em que assuntos coletivos são discutidos, resultando no que costumamos chamar de opinião pública. A comunicação é elemento fundamental da vida democrática por prover "discussão pública mediante razões", mas mudanças como o advento da comunicação de massa trocaram o debate esclarecido pelos meios de persuasão que viabilizam a construção do consenso. Em outras palavras, Habermas reconhece que emergiram formas de manipulação política que, neste capítulo, argumentarei que foram potencializadas pela hegemonia das redes sociais digitais.

Lutas por reconhecimento e igualdade, direitos humanos e justiça social passam necessariamente pela esfera pública, buscando o apoio da sociedade, o que passou a se dar dentro do contexto técnico, midiático e comercial das plataformas on-line que possibilitam uma comunicação coletiva. Comunicação esta que se estende ao off-line, abarcando-o dentro do mesmo movimento de transformação do eixo de discussão pública das razões, fatos e evidências para o das emoções, opiniões e valores. O resultado, como espero mostrar e analisar, foi a consolidação de uma perspectiva moral sobre questões públicas.

É necessário alertar que reconhecer a importância das redes digitais não equivale a atribuir tudo o que se passou a elas, pois essas plataformas apenas reconfiguram a comunicação, tornam mais visíveis e amplificam contradições sociais e políticas preexistentes. Atribuir às redes – ou à internet em geral – as fontes ou as soluções de problemas sociais constitui determinismo tecnológico, o qual se revela tanto nas visões utópicas e no otimismo inicial que a rede despertou entre especialistas quanto nas interpretações distópicas e pessimistas sobre elas que emergiram no final da década de 2010.[3]

As divergências entre os defensores dos direitos sexuais e reprodutivos e aqueles que se opõem – ou têm uma visão distinta – sobre eles têm uma história anterior às plataformas digitais que não pode ser ignorada. Deter-me-ei nela em mais

---

[3] Raymond Williams (2016) afirma que "O determinismo tecnológico é uma noção insustentável, porque substitui as intenções econômicas, sociais e políticas pela autonomia aleatória da invenção ou por uma essência humana abstrata" (p. 139) e acrescenta "A maioria do desenvolvimento técnico está nas mãos de corporações que expressam a articulação contemporânea entre as intenções militares, políticas e comerciais" (p. 143).

detalhe no próximo capítulo, sobre a cruzada moral contra o que segmentos conservadores denominam de "ideologia de gênero". Antes, porém, é preciso identificar quando as redes sociais tornaram-se o espaço hegemônico de discussão política no Brasil. Tal exercício também contribuirá com reflexões iniciais sobre como a esfera pública que denomino de técnico-midiatizada trouxe as diferenças ao centro das discussões e conflitos de nossa sociedade.

No Brasil, é possível afirmar que o poder dos serviços de rede social se tornou patente nos protestos de 2013. Seu estopim foram fatos off-line bem concretos: os efeitos econômicos do fim de nosso ciclo de crescimento econômico. Políticas sociais do governo do PT viabilizaram a redução da pobreza em meio ao *boom* das *commodities*, o que foi freado pela depressão global iniciada em 2008 até que, em 2013, o aumento do custo de vida tornou suas consequências perceptíveis à população.

Não por acaso, 2013 também é o ano em que a primeira geração nascida e criada na era da internet alcançou a maioridade. Coincidentemente, essa geração entrou na vida adulta tendo que encarar a chegada da crise ao Brasil e o consequente reavivamento de históricos conflitos redistributivos: tanto de ordem econômica quanto de reconhecimento. Nosso país assistiu, portanto, a uma nova geração inserir-se na política moldada pela experiência de socializar-se e informar-se on-line. Fato este que esmiuçarei no Capítulo 3, de maneira a identificar suas principais características distintivas em relação a gerações anteriores, suas formas de organização e demandas.

Os protestos que atraíram multidões às ruas geraram reações diversas e alternadas: do entusiasmo de alguns que ainda associavam o povo na rua com demandas de democracia e igualdade ao temor de outros que os recusavam pelas mesmas razões. Mas os protestos nasceram de uma forma e foram se transformando quando grupos da extrema-direita enxergaram no impulso anti-institucional que os aglutinava a janela de oportunidade para tomar o controle sobre eles, redirecionando-os para seus objetivos. Como isso se passou?

Busco responder à questão acima mostrando a importância desse evento histórico para compreender a hegemonia de uma forma de política das diferenças moldada por lógicas de visibilidade e reconhecimento midiáticas assentadas em identidades. Argumento que os serviços comerciais de rede social despertaram expectativa de democratização das relações sociais até que suas lógicas se revelaram mais afeitas à recusa das mediações em que se baseiam instituições políticas, jornalísticas e de produção científica. Tal recusa é indissociável não apenas da ação direta, mas também de movimentos que incentivam os usuários a agir a partir da própria identidade em que se reconhecem e a defender seus interesses. Em comum, tais características das plataformas confluem potencializando movimentos contra instituições, vistas apenas como barreiras a impedir ou retardar a ação direta dos agentes políticos.

Talvez nenhum evento histórico recente sintetize melhor as frustrações em relação ao potencial democrático das redes sociais do que seu papel no ciclo de protestos de 2013. Originadas como protestos contra a elevação da tarifa de transporte público de São Paulo, elas pouco a pouco se ampliaram, transformando-se em mobilizações que abarcavam uma gama de insatisfações coletivas. Inicialmente, elas foram organizadas pelo Movimento Passe Livre (MPL), um conjunto de grupos sem orientação política definida (Pomar, 2013), mas terminaram sob o controle ou a influência de emergentes movimentos políticos de direita.

Até hoje, as análises sobre o que foram os protestos não chegaram a um consenso, provavelmente porque elas não foram uma única coisa. Predominam interpretações sobre o que representaram segundo a perspectiva e os interesses de quem as analisa. Apesar de divergências entre os especialistas,

Irlys Barreira (2014) mostra, em sua análise sociológica, que é possível compreendê-las como uma das expressões contemporâneas de um fenômeno político antigo: as manifestações de indignação coletiva. Esse tipo de protesto não costuma ter uma pauta definida de reivindicações e aglutina grupos de interesse diversos e com demandas potencialmente divergentes, tendo como marca a recusa de mediações e a ação direta.

O fato acima explica por que, ao contrário de grandes manifestações públicas de nosso passado, como as Diretas Já,[4] quase não se viam pessoas unidas carregando uma faixa com a mesma reivindicação nos protestos de 2013. Era comum identificar – muitas vezes lado a lado – indivíduos carregando cada um sua placa com propostas divergentes. Alguns pesquisadores buscaram aglutinar essas demandas dispersas em repertórios comuns que dariam maior compreensibilidade às manifestações, mas tal exercício analítico meritório tende a obscurecer o que busco sublinhar aqui: o impulso anti-institucional e antipartidário que passaria a moldar a vida política brasileira nos anos seguintes.

Ainda que os protestos não tenham sido tão inovadores quanto pareceram, foram organizados, acompanhados e tiveram seus objetivos disputados por meio das redes sociais on-line e transmitidos pela televisão. Na análise de Angela Alonso (2017), não por acaso, às manifestações de junho se seguiram protestos menores e com pautas divergentes de reivindicação. A indignação de todos, pouco a pouco, provou ter fontes diversas e objetivos distintos. Na mesma linha analítica, considero que, assim como a voz das ruas se dividiu em

---

[4] "Diretas Já" foi um movimento civil de reivindicação do direito ao voto em eleições diretas para presidente do Brasil, ocorrido entre 1983 e 1984, portanto, ainda dentro da última ditadura militar (1964-1985). A emenda constitucional que propunha diretas era de autoria do deputado Dante de Oliveira (PMDB-MT) e, segundo o IBOPE, tinha 84% de aprovação popular. Foi recusada pelo Congresso Nacional em abril de 1984.

campos divergentes, a mesma divisão foi se espelhando nas redes sociais.

Os protestos de 2013 representam um ponto de inflexão da história brasileira recente porque contribuíram decisivamente para a emergência da nova esfera pública em nosso país. Nela, ganha centralidade o meio densamente emocional das redes sociais, as quais efetivamente incitam o engajamento e a ação. É possível inseri-las, portanto, na linhagem de protestos semelhantes também majoritariamente conduzidos por jovens, organizados pelas redes e com a maioria de participantes que se identificavam como apartidários: a Primavera Árabe (2010), nos países do Norte da África e do Oriente Médio; os Indignados (2011), na Espanha; e o *Occupy Wall Street* (2011), nos Estados Unidos.

Talvez a principal singularidade dos protestos brasileiros em relação aos anteriores seja o fato de que terminaram por favorecer a crescente influência de grupos de extrema-direita nas redes e na vida política como um todo. Vários deles passaram a ser chamados pela grande imprensa de "movimentos sociais", mas um olhar mais cuidadoso reconheceria neles uma associação de interesses no formato do que autores como David Patternote e Roman Kuhar (2017) chamam de "*empty shell*" (algo que poderia ser traduzido como "concha oca"). Tal formato é típico de grupos de interesse que podem até ser poderosos economicamente, mas contam com pouca representatividade social. Assim, usam de expedientes diversos para se apresentarem como surgidos de uma base de apoiadores numerosa e relevante socialmente. As redes sociais on-line foram o ambiente perfeito para que tais empreendedores políticos de extrema-direita alcançassem – do dia para a noite – a atenção necessária para começar a construir uma base de seguidores/apoiadores.

Ao contrário do senso comum comercial que vende a falácia de que as redes seriam mais democráticas devido à sua horizontalidade, as redes sociais on-line são terreno aberto à ação de grupos de interesse que conseguem criar usuários ou perfis que funcionam como nódulos aglutinadores de sentimentos poderosos como os de indignação ou revolta (MERKLÉ, 2011; ALCÂNTARA, 2016). Em meio à disseminação do comportamento de manada, ninguém sintetizaria melhor a *malaise* comum do que aquele que se apresentasse como contra "tudo isso aí". Movimentos de extrema-direita começaram a se articular na criação de "lideranças" que conseguissem catalisar os sentimentos que dinamizavam as interações na esfera pública automatizada.

Nesse sentido, fizeram uso não apenas de expedientes como o da criação de perfis, mas também de sites de supostos jornais ou revistas para disseminar sua visão sobre os fatos políticos. Neles produziram material próprio sob sua perspectiva ideológica – estratégia já adotada por veículos de comunicação de outras vertentes políticas – mas, fato a sublinhar, passaram também a produzir ou a divulgar *fake news* (RIBEIRO; ORTELLADO, 2018), termo que o estudioso da comunicação Eugênio Bucci (2019) propõe que traduzamos como "notícias fraudulentas", já que não são apenas falsas, mas têm como objetivo manipular e enganar quem as lê. Claire Wardle (*apud* PIMENTA, 2017), pesquisadora de um centro de estudos de internet e sociedade de Harvard, considera que o termo *fake news* só faz sentido quando incluído no fenômeno da desinformação que abarca vários meios e procedimentos para enganar.

Dos vários meios de desinformação, ressalto o uso de expedientes como a sátira e a paródia, os quais potencializam a disseminação estratégica de interesses políticos sintetizados em posts, *slogans* e memes. Na esfera pública automatizada, incentiva-se a síntese de uma ideia ou posição política em poucos caracteres, em uma frase ou – melhor ainda – em uma imagem. Quanto mais simples, curta e direta, mais uma informação circula nas redes sociais on-line e nos aplicativos de troca de mensagens, atraindo apoiadores ou reforçando visões comuns sobre temas socialmente relevantes.

Qualquer que seja a estratégia – a propagação de notícias fraudulentas, o uso de memes ou o direcionamento de informações por meios psicométricos –, o que se deve reconhecer é que a esfera pública técnico-midiatizada ampliou o espaço para a já antiga manipulação e/ou polarização política que existia nas comunicações de massa. Assim, a automatização da esfera pública é inseparável da emergência de noções como a de pós-verdade e de fatos alternativos, ambas usadas para justificar expedientes de desinformação e os estender às mídias "tradicionais" para influenciar a opinião pública.

O sentimento quase comum de indignação que levou multidões às ruas em 2013, no ano seguinte dividiu os usuários dos serviços de rede social. A campanha presidencial de 2014 fez com que divergências partidárias ainda organizassem tal cisão até que – a partir de 2015 – a operação anticorrupção Lava Jato e as polêmicas envolvendo os planos de educação contribuíssem para uma outra forma de divisão: a da polarização moral. Em várias pesquisas (ILLOUZ, 2007; MISKOLCI, 2017; PELÚCIO, 2019) reconheceu-se como o uso de plataformas de socialização on-line potencializam no usuário a sensação de superioridade moral em relação aos demais interlocutores. No contexto brasileiro de meados da década de 2010, grupos de interesse que se organizavam a partir da busca de protagonismo moral utilizaram-se dessa característica da esfera pública técnico-midiatizada para converter temas e discussões que poderiam ser tratados em outros registros para o que os beneficia: o da moralidade.

Foram contradições e conflitos off-line que alimentaram e reorganizaram as divergências on-line, reconfigurando a esfera pública nesse novo contínuo off-line-on-line, em que aspectos técnicos e midiáticos têm papel decisivo. Além do caráter algorítmico das interações nos serviços de rede social

– que se baseia nas emoções dos usuários para gerar reações e compartilhamentos –, destaco a forma como fatos e informações tendem a ser divulgadas segundo expedientes mais próximos do entretenimento e da imprensa sensacionalista do que do jornalismo profissional. Análises e conteúdos mais longos, que demandam tempo e reflexão, tendem a ser preteridos em favor das sínteses facilmente digeríveis e reprodutíveis em um inevitável empobrecimento do debate público.

Depois da reeleição de Dilma Rousseff, chegou à presidência do Congresso Nacional Eduardo Cunha, um deputado com bases eleitorais religiosas conservadoras. Cunha representou o ápice de visibilidade e protagonismo da Frente Parlamentar Evangélica na política nacional em meio à organização da oposição para retirar Dilma e o PT do Executivo. Os defensores dos direitos humanos, muitos deles críticos do governo Dilma e seu distanciamento dos movimentos sociais, foram isolados pela oposição e associados à esquerda e ao governo. Assim, os cruzados morais polarizaram com o dos defensores dos direitos humanos, articulando uma dupla vitória: contra o governo em exercício e aqueles que veem como adversários em uma arena de disputa por protagonismo moral.

Já naquela época se aprimoraram meios para reconhecer e mensurar as chamadas "bolhas" de opinião nas redes sociais, assim como seus intercâmbios conflituosos. A elas se somaram iniciativas como a do Manchetômetro, criado pelo Instituto de Estudos Sociais e Políticos (IESP) da Universidade do Estado do Rio de Janeiro (UERJ), em 2014, para acompanhar como temas de política e economia aparecem na grande mídia brasileira e nas redes sociais. Seus boletins sobre os posts mais compartilhados são prova empírica de como políticos de extrema-direita, muito dos quais com eleitorado neopentecostal, progressivamente ganharam seguidores e popularidade pelo apoio à operação anticorrupção Lava Jato e à campanha contra o que passaram a chamar de "ideologia de gênero".

Às vésperas da campanha presidencial de 2018, o então candidato Jair Messias Bolsonaro contava com mais de cinco milhões de seguidores no Facebook, e alguns de seus aliados – políticos e associações de extrema-direita – tinham mais de dois milhões de seguidores. Suas postagens alcançavam, à época, mais de 100 mil compartilhamentos. Soma-se a isso o papel dos apoiadores na plataforma de vídeos YouTube e na contratação de disparos no aplicativo de mensagens WhatsApp. Jonas Kaiser e Yasodara Córdova, pesquisadores de The Berkman Klein Center for Internet & Society da Universidade Harvard, divulgaram dados que apontam como o algoritmo do YouTube teria contribuído para a expansão da extrema-direita no Brasil (cf. Fisher; Taub, 2019).

A midiatização da esfera pública se consolidou associada à criminalização da política, abrindo terreno para que alguns políticos se convertessem em empreendedores morais de ocasião. A plataforma eleitoral mais popular tornou-se a que abarcava a luta contra a corrupção econômica e moral, associando, portanto, os escândalos de desvio de verbas públicas a uma suposta agenda de costumes. As redes sociais foram estratégicas no engajamento da opinião pública a essa cruzada moral, em especial porque privilegiam a compreensão do político como algo pessoal, da ordem das escolhas individuais e, no limite, morais.

O fato acima ajuda a compreender não apenas a formação da aliança da extrema-direita que seria decisiva no julgamento político de Dilma Rousseff e ganharia as eleições de 2018, mas também o fenômeno interdependente das divisões no campo que, na falta de uma qualificação mais precisa, chamarei de progressista. Em outras palavras, proponho uma análise da vitória da aliança de extrema-direita que lance luz na incapacidade da oposição de se unir ou mesmo de construir um discurso que não fosse de réplica, enredado nos termos dos vitoriosos. Sublinharei como a política das diferenças fincada em identidades foi nosso calcanhar de Aquiles, e um de seus maiores impulsionadores foi a esfera pública técnico-midiatizada construída no contínuo on-line-off-line sob a hegemonia dos serviços comerciais de rede social.

O "identitarismo" dos movimentos brasileiros de Lésbicas, Gays, Bissexuais, Travestis, Transexuais, Intersex e outros/as (LGBTI+) é muito anterior à internet, mas ganhou força por meio da nova geração de ativistas que cresceu conectada e se introduziu na luta política na década de 2010. Essa constatação não visa – de forma alguma – à busca de culpados, antes à identificação e compreensão das condições estruturantes da agência no campo da política sexual e de gênero. Busco identificar os elementos técnico-comunicacionais e culturais dessas plataformas de socialização e como eles confluem em uma valorização do indivíduo-perfil que incentiva a afirmação de identidades na política das diferenças. Identidades estas que passam a operar dentro da economia da atenção (GOLDHABER, 1997; DAVENPORT; BECK, 2001) vigente nas redes digitais, em que os usuários são reconhecidos quanto maior sua capacidade de atrair seguidores e reações às suas postagens.

Não se trata de um fenômeno descolado da vida off-line, já que, segundo dados do IBGE, desde 2014 predomina o acesso à internet via celular no Brasil, o qual consolidou o contínuo on-line-off-line instaurado pela conexão móvel, contínua e centralizada nos serviços comerciais de rede social. A forma como as pessoas se relacionam on-line impacta o off-line e vice-versa, mas como o on-line tem características técnico-comunicacionais próprias e é influenciado por formas de interação da cultura de origem das plataformas, então reconhecemos melhor as transformações no cotidiano advindas das vivências on-line. Ao menos nós da última geração a ter sido socializada off-line até a vida adulta, pois, para a maioria dos jovens com menos de 30 anos, o contínuo on-line-off-line já se naturalizou.

O fato acima permite inferir que a disseminação das Tecnologias da Informação e Comunicação (TICs) contribuiu para um corte geracional precoce que, de certa maneira, distanciou coortes etárias que antes teriam mais em comum. Também nos auxilia a compreender algumas divergências e conflitos advindos quando nós, professores com mais de 30 ou 35 anos, apresentamos dúvidas ou ceticismo a estudantes que se sentem mais bem (in)formados pela imersão nessas tecnologias, possuem maior domínio de suas funcionalidades e, sobretudo, acreditam no aparente acesso infinito a conteúdos sobre todos os temas. Compreensivelmente, pessoas nascidas e criadas na era das novas tecnologias tendem a crer mais nos potenciais delas, enquanto os que conheceram o mundo pré-internet podem colocá-las em dúvida ou, ao menos, sob maior escrutínio.

Costumo afirmar que 2013 é um ano que não terminou porque instaurou – para todos nós, quaisquer que sejam nossas afinidades políticas ou ideológicas – um novo regime nas relações políticas. Ainda que hoje muitos reconheçam a formação de bolhas nas redes que tendem à polarização e ao confronto, menor atenção é dada a como tal concentração em extremos opostos atingiu os mediadores sociais. Mediadores são instituições (como a Justiça, a universidade ou a imprensa) e profissionais (como advogados, cientistas e jornalistas profissionais) cuja função e trabalho se baseiam em formas organizadas e responsáveis de atuar que demandam procedimentos racionais baseados em regras e normas. A esfera pública técnico-midiatizada tende a priorizar respostas rápidas, simples e diretas, colocando em xeque instituições e profissionais cujo trabalho especializado segue normas que envolvem a checagem de fatos e evidências, o que exige mais tempo para ser concluído e tende a apresentar resultados mais complexos e nuançados. Este livro é construído justamente na perspectiva dos mediadores, aqui também compreendidos como aquelas e aqueles que não se identificam com a polarização e tampouco foram acolhidos em suas bolhas-exércitos.

Reconhecer e compreender como a esfera pública técnico-midiatizada funciona em um constante ataque aos mediadores sociais requer entender seu modelo de negócios. As expectativas, que agora reconhecemos como utópicas, de que a internet seria um veículo democratizante e facilitaria transformações sociais foram frustradas não porque tais esperanças estavam erradas, mas porque o desenvolvimento da rede se deu dentro de um modelo de negócios privado e sem regulação social. Nesse modelo de negócios hegemônico, seus usos potenciais democráticos e progressistas perderam espaço em favor da exploração comercial de um punhado de plataformas que hoje concentra a maior parte do tráfego on-line (VAN DIJCK, 2016; PARRA et al., 2018). Fato similar se deu com a televisão, como atesta o estudo clássico de Raymond Williams (2016), lançado originalmente na década de 1970.

A maioria dos sítios pelos quais as pessoas acessam a internet são redes sociais como o Facebook, o Twitter e o Instagram. Vendidos como "serviços", tais redes sociais on-line tentam se apresentar ocultando ao máximo seus interesses comerciais e priorizando propagandas que lhes dão uma aura de espaço livre de interesses de exploração econômica. Poucos usuários percebem que, ao usar essas plataformas de socialização, estão pagando pelo serviço com a "doação" não remunerada de seus dados de navegação. Esses dados são o capital mais precioso na era das TICs, baseadas na coleta, análise e venda deles com intuitos de criar propagandas segmentadas e mais eficientes, assim como sabemos – desde o escândalo da Cambridge Analítica, em 2018 – que, nos Estados Unidos, dados de navegação e preferências permitiram a criação de perfis psicométricos para direcionar notícias fraudulentas com fins de manipulação eleitoral nas eleições presidenciais de 2016.

A partir do exposto, chegamos a um dos aspectos mais importantes dos serviços comerciais de redes sociais para a discussão que interessa a este livro: elas foram veículo de unificação de perfis e, portanto, um incentivo a construir, a compreender-se e a agir por meio de uma "identidade". Em artigo publicado na revista *Sociologia e Antropologia* (2019), Jorge Machado e eu sublinhamos como o modelo de negócios da internet oligopolizada fez com que seus usuários fossem induzidos a construir um perfil que tende a servir como via de entrada não apenas para uma rede social, mas também para outros serviços on-line. Por isso que plataformas como o Facebook terminam por ser, na prática, também portais para a rede. Os interesses comerciais lucram quanto mais conseguem nos reconhecer como um único agente, associando dados de nossas navegações e preferências em diversos sites para construir modelos comportamentais e de interesses para seus parceiros de negócios.

Tal processo de unificação que conflui para que os usuários de internet tenham um único perfil tem consequências sociais e políticas. Na internet pré-oligopólio, os usuários tinham diversos perfis em diferentes plataformas, emulando on-line algo que ocorre no off-line: comunicamo-nos de formas diferentes em diferentes contextos e com pessoas distintas. Na internet dominada por poucas plataformas e com interações moldadas por algoritmos, passamos a nos comunicar por um mesmo perfil com todos e todas, assim como, da mesma maneira, em contextos que demandam adaptação. Isso nos trouxe ao que Marwick e Boyd (2010) chamam de colapso contextual, o que, como consequência, passou a gerar desentendimentos e conflitos.

A esse aspecto técnico-comunicacional de raízes nos interesses econômicos das redes sociais digitais soma-se outro, de ordem cultural: o fato de que essas plataformas foram criadas a partir da sociedade norte-americana e seus valores, especialmente os que preponderam na região do Vale do Silício entre as classes ascendentes que criaram e gerenciam as plataformas de rede social. O Facebook, por exemplo, é baseado – desde seu nome – na cultura da popularidade no ensino médio estadunidense. É uma plataforma que incentiva interações moldadas pelo objetivo de se tornar admirado, atrair a atenção do maior número de pessoas, inserindo seus usuários em uma arena competitiva, desigual e injusta em que é preciso empreender para vencer.

Estudos futuros poderão comprovar a hipótese de que os serviços de rede social mudaram nosso vocabulário, naturalizando concepções midiáticas de sucesso em expressões como "protagonismo". Para que alguém seja protagonista, outros terão que ser coadjuvantes em uma concepção da vida social – e política! – inspirada pelo cinema e pela televisão. Quando transferido para a área das demandas de justiça social, esse vocabulário permite que o reconhecimento político que exige mudanças estruturais se confunda – ou seja substituído – pelo reconhecimento midiático de maneira que ser popular se torna tão ou mais importante do que contribuir para uma luta coletiva que costuma se conduzir com pouca ou até nenhuma visibilidade.

Em suma, os elementos técnico-comunicacionais e as origens culturais das plataformas de rede social induzem à construção de perfis que se confundem com identidades, assim como transformam seus usuários em competidores em um mercado pela atenção e pelo reconhecimento midiático. Daí evidencia-se a possibilidade de chamar essa nova esfera pública não apenas de automatizada, como propõe Pasquale (2017), mas também de técnico-midiatizada, de maneira a sublinhar tanto seu caráter tecnológico quanto sua ênfase em uma cultura da popularidade midiática, portanto, baseada em um regime de visibilidade individualizante e competitivo.

O termo midiatização começou a ser usado para referir-se ao impacto dos mídia na comunicação política e, mais recentemente, à maneira como eles transformam as instituições e as relações sociais. Midiatização, portanto, não se refere à mediação comunicativa apenas e sim às formas como, sobretudo depois do advento da internet, "a sociedade se submete cada vez mais a, ou se torna dependente, dos mídia e suas lógicas" (HJAVARD, 2008, p. 113).

Se, na internet do passado, redes eram construídas por outras plataformas e meios mais próximos do repertório da militância off-line – como os antigos fóruns e *newsletters* – atualmente elas se converteram em contextos comerciais regidos por lógicas que podemos chamar de neoliberais. Entrar em uma rede social, criar um perfil e socializar-se por meio de uma plataforma regida tecnologicamente por algoritmos e culturalmente pelo ideal da popularidade equivale a um exercício subjetivo de materializar-se como sujeito empreendedor nas redes e fora delas.

No campo da política sexual, em que o ativismo se construiu na criação sucessiva de identidades mantidas estanques e lado a lado (LGBTI+), as lógicas da esfera pública técnico-midiatizada caíram feito uma luva para que elas se enfrentassem on-line, nas redes sociais e, off-line, nos eventos de gênero e sexualidade. Ambos os contextos são de visibilidade e sem mediações, portanto mais afeitos aos embates diretos do que o contexto profissional das publicações científicas, que são regidas pela avaliação por pares da comunidade acadêmica.

Acessada de forma individual, a internet representa o auge de um processo de privatização das comunicações. O cinema era uma experiência coletiva até que a televisão trouxe para dentro de casa – e, consequentemente, para o núcleo familiar – o acesso à mídia que a internet passou a prover de forma pessoal e individualizada. Da tela grande do cinema para a média da TV até chegar à pequena dos *smartphones*, assistimos não apenas a um processo de individualização do acesso à mídia – do coletivo ao familiar até o individual –, mas também a uma maior exposição aos seus conteúdos, da visita ocasional ao cinema, passando pela audiência diária da TV e chegando à conexão permanente pelos telefones inteligentes (Miskolci; Balieiro, 2018, p. 148). Esse caminho do coletivo ao individual é, portanto, estratégico comercialmente para que os usuários-consumidores sejam mais expostos às novas formas de marketing e propaganda.

O mesmo processo também traz consigo uma imersão dos sujeitos em uma versão personalizada da realidade. De certa forma, a tela do smartphone é a versão eletrônica do espelho, já que ela delimita a visão de mundo de seu dono a partir de seus interesses. Não seria exagero associar à adoção da câmera ao telefone conectado com esta virada para o usuário que, não por acaso, logo adotou o *selfie*: o ato de fotografar a si próprio para sua audiência particular. Talvez esteja aí o aspecto mais poderoso das mídias digitais, e nelas das plataformas de rede social: o feito de alocar o usuário na posição de centro das atenções de sua rede pessoal on-line, emulando a lógica da popularidade dos astros e estrelas das mídias de massa, apenas em uma versão simulada e em menor escala para as pessoas comuns. Pode-se dizer, portanto, que a rede social on-line é uma revista *Caras* dos anônimos e a versão digital e mais eficiente de um filão comercial que as mídias de massa exploravam nos *reality shows*, tornando algumas pessoas comuns em celebridades com data de validade.

Em *O poder da comunicação* (2015), Manuel Castells mostra a relação entre o novo paradigma tecnológico centrado nas TICs e as mudanças socioculturais das últimas décadas que levam à ascensão do que caracteriza como uma "sociedade Eu-centrada", em que a sociabilidade é reconstruída como "individualismo conectado e comunidade por meio da busca de indivíduos que possuem mentes semelhantes" (Castells, 2015, p. 37). De qualquer forma, não reconhece tampouco analisa uma das principais consequências daquilo que batizou de "autocomunicação de massa" (2011): a experiência de inserir-se e competir no mercado da atenção on-line. A sensação de ser o centro (mesmo que momentâneo) das atenções e de gerar reações visíveis em um sem número de pessoas apela irresistivelmente ao narcísico em nós, sobretudo em uma era que deposita suas esperanças no indivíduo e sua capacidade empreendedora.

O uso dos equipamentos e das plataformas para se conectar em redes digitais tende a ser um verdadeiro exercício para o usuário subjetivar como um empreendedor de si mesmo. Essas tecnologias funcionam como um dispositivo de captura dos sujeitos para lógicas neoliberais em que subjetivar a partir de uma identidade é fundamental. O neoliberalismo é uma corrente ideológica com uma história longa e com matizes diversas, associado, ao menos em suas origens, ao pensamento de autores como o economista austríaco F. A. Hayek. Neste livro, não me detenho sobre o neoliberalismo como uma escola de pensamento ou teoria econômica e social acadêmica, antes como um conjunto de crenças e valores disseminado socialmente e que encontra adesão em diferentes estratos sociais e posições no espectro político.

De forma geral, denomino de neoliberais a adesão a formas mercadológicas de agir e subjetivar, em especial o empreendedorismo de si, que transforma a "identidade" ou a "experiência" dos sujeitos em plataformas de competição. Inspiro-me em críticas ao neoliberalismo como as de Karl Polanyi em *A grande transformação* (1944), obra em que afirma que o mercado não se opõe ao Estado, e sim à própria sociedade. O pensador húngaro defende a tese de que o mercado ameaça a própria existência social ao tornar mercadoria coisas que precisam se manter como bem comum. Seguindo uma linha similar, argumento que até as diferenças e a luta por justiça social tendem a ser inviabilizadas quando enquadradas por lógicas neoliberais.

O efeito do uso das redes sociais constitui uma verdadeira armadilha que tende a ser menos perceptível para os jovens que não conheceram o mundo pré-internet ou já o esqueceram. Jovens que não se identificam como heterossexuais ou com os gêneros socialmente impostos tendem a ser mais atraídos por mídias que propõem uma resposta técnico-midiática à carência de reconhecimento social que marca suas experiências. As redes sociais exploram comercialmente o déficit de reconhecimento, induzindo seus usuários a compreenderem a si próprios como uma identidade a partir da qual encarariam o mundo, afirmando seus interesses. Sub-repticiamente, induzindo-os a aderir a formas mercadológicas de subjetivar e agir, as quais envolvem o engajamento na competição por atenção, reconhecimento midiático e condição de "protagonismo" que – on-line – se confunde com a de alcançar a posição de um influenciador digital na nova esfera pública. As esperanças de que a internet congregaria e organizaria os agentes políticos potencializando a mudança social morreram nas plataformas comerciais de rede social cujo funcionamento promove o individualismo e incita a oposição às instituições e aos profissionais cujo trabalho promove mediações sociais, como jornalistas, educadores e cientistas.

Destaco duas das principais razões para os ataques contra instituições e profissionais que classifico como mediadores sociais, uma de cunho mais sociológico e a outra mais psicológico. A primeira repousa no fato de que, no jornalismo profissional, constroem-se reportagens baseadas em fatos, enquanto, na ciência, criam-se teorias baseadas em evidências, portanto, ambas são fundamentadas no trabalho de mediação entre o conhecimento e a sociedade, justamente o que a esfera pública técnico-midiatizada incita seus usuários a recusarem em favor da comunicação direta dos serviços de rede social. A segunda razão dos ataques se relaciona com a primeira, mas sublinha um elemento subjetivo: a recusa dos mediadores é também a tentativa de invalidar o factual e o empírico, o princípio de realidade em favor das percepções e opiniões sem comprovação, ou seja, do imaginário que busca circular sem limites.

De forma esquemática, o individualismo neoliberal das redes sociais on-line promove formas de pensamento padronizadas, afeitas à fácil assimilação e disseminação, gerando engajamento coletivo a ideias que se opõem às formas de pensar reflexivas e mais difíceis de serem incorporadas ou popularizadas. Tal característica das redes potencializa seu uso por empreendedores – quer à direita ou à esquerda, a favor ou contra os direitos humanos –, mas que, apesar de suas perspectivas opostas, contribuem da mesma forma para o empobrecimento do debate político.

No próximo capítulo, busco reconstituir como empreendedores morais da extrema-direita souberam capitalizar esse contexto conflitivo articulando uma campanha contra os estudos de gênero, os direitos sexuais e reprodutivos e todos que consideram como sendo seus defensores. Campanha esta que alcançou contornos de cruzada moral por fazer uso do expediente de disseminar pânico para atrair apoiadores.

Capítulo 2

"Ideologia de Gênero": os empreendedores morais e sua cruzada

Há quase um século, no ensaio *Um teto todo seu* (1929), Virginia Woolf afirmou: "a história da oposição dos homens à emancipação feminina talvez seja mais interessante do que a própria história dessa emancipação". Neste capítulo, sigo a escritora ao buscar compreender a oposição aos estudos e às demandas de igualdade e reconhecimento na esfera do gênero e da sexualidade no Brasil da década de 2010. Meu objetivo é entender como e por que ela se organizou a partir de um pânico homossexual que evoluiu para um temor mais abrangente, concatenado uma suposta "ideologia de gênero" que ameaçaria nossa sociedade.

Foi depois da IV Conferência das Nações Unidas sobre a Mulher em Beijing, no ano de 1995, que intelectuais laicos, assim como lideranças religiosas católicas, cunharam a noção de "ideologia de gênero" para sintetizar o que compreendem como divergência entre o pensamento feminista e seus interesses. Em 1996, a militante pró-vida Dale O'Leary, que participou das conferências do Cairo (1994) e de Pequim (1995), publicou o livro *Gender Agenda*, em que acusa a Organização das Nações Unidas (ONU) de adotar uma perspectiva de gênero para as políticas públicas (JUNQUEIRA, 2017). Como observa Sônia Corrêa (2017), O'Leary não usa o termo "ideologia de gênero", mas sim "ideologia feminista radical".

Em 1997, o então Cardeal Joseph Ratzinger – atual Papa Emérito Bento XVI – alertava que o uso do conceito de gênero contradizia o catolicismo ao introduzir o que define como uma nova antropologia, ou seja, uma nova definição do humano (MISKOLCI, 2018a). De forma indireta e recusando-o, Ratzinger constata que o conceito de gênero abre espaço para contestar a submissão feminina e conceder direitos aos homossexuais. Não tardou para que essa recusa se transformasse em um verdadeiro fantasma no catolicismo latino-americano e, no ano seguinte, tornou-se o tema da Conferência Episcopal da Igreja Católica do Peru: "A ideologia de gênero: seus perigos e alcances" (cf. FURLANI, 2016).

Sônia Corrêa (2017) afirma que o uso do conceito de gênero nos acordos internacionais representou um duplo movimento preocupante para o Vaticano: o conceito de gênero trouxe consigo para a agenda de direitos humanos demandas envolvendo sexualidade, em particular das homossexualidades, como atestou também uma autonomia em relação à Santa Sé do grupo de mais de 70 países que formavam um bloco do Sul Global – autonomia capitaneada por Brasil e México. Acrescentaria que tais fatos podem ser lidos como o início de um deslocamento geopolítico das discussões sobre direitos sexuais e reprodutivos dos Estados Unidos e da Europa para a América Latina, fato que ajuda a entender a renúncia de Ratzinger e a eleição de um papa latino-americano em 2013.

É possível datar o uso contemporâneo da noção de ideologia de gênero na América Latina em 2007, quando é publicado o Documento de Aparecida, resultado da V Conferência Geral do Episcopado Latino-Americano e do Caribe. O documento já expressava preocupação com as demandas de cidadania por parte de homossexuais,[5] a qual seria ampliada no subcontinente depois do reconhecimento legal das uniões entre pessoas do mesmo sexo na Argentina (2010), no Brasil (2011), no Uruguai (2013), seguidos por Equador, Colômbia, Chile e México nos anos seguintes. Em diferentes contextos, tal fato foi o disparador inicial do que, poucos anos mais tarde, se tornaria um pânico moral sobre uma suposta "ideologia de gênero" (MISKOLCI, 2018b).

No Brasil, cerca de uma semana depois do reconhecimento das uniões entre pessoas do mesmo sexo pelo Supremo Tribunal Federal, Bolsonaro encabeçou um movimento contra o material que seria distribuído nas escolas para enfrentar a discriminação e a violência contra homossexuais, bissexuais, travestis e transexuais. Apelidando o material de "kit gay", o deputado logo contou com o apoio da bancada evangélica e, de forma menos visível, mas até mais numerosa, de congressistas católicos e conservadores agnósticos. Construía-se, segundo Fernando de Figueiredo Balieiro (2018), a imagem da criança sob ameaça, estratégia bem-sucedida para criar um pânico homossexual, atrair a atenção da mídia, conseguir o veto de Dilma Rousseff à distribuição do material e começar a forjar uma aliança contra os direitos sexuais e reprodutivos no congresso.

O interesse evangélico, sobretudo neopentecostal, de protagonismo em um congresso majoritariamente católico, fez com que a cobertura midiática passasse a impressão de que eram só eles a evocarem o fantasma, à época, de um suposto

---

[5] Na seção sobre o contexto latino-americano, o Documento de Aparecida afirma: "Entre os pressupostos que enfraquecem e menosprezam a vida familiar, encontramos a ideologia de gênero, segundo a qual cada um pode escolher sua orientação sexual, sem levar em consideração as diferenças dadas pela natureza humana. Isso tem provocado modificações legais que ferem gravemente a dignidade do matrimônio, o respeito ao direito à vida e à identidade da família" (CELAM, 2007, p. 30).

perigo homossexual. Tal espírito ganhou força maior a partir da igualação jurídica das uniões entre pessoas do mesmo sexo com o casamento, em 2013, ano em que o Governo Dilma Rousseff permitiu que se transferisse a presidência da Comissão de Direitos Humanos da Câmara para o pastor Marcos Feliciano e o deputado Anderson Ferreira (PR-PE) apresentou o PL 6583/2013, propondo o Estatuto da Família.

Em 2014, durante os debates sobre o novo Plano Nacional de Educação, o movimento Escola sem Partido passou a adotar como alvo a chamada "ideologia de gênero", ampliando sua influência a diversos grupos políticos. Segundo Luis Felipe Miguel (2016), até então era uma associação pouco conhecida, criada em 2004, para combater o que definia como "doutrinação marxista" nas escolas, até se aproximar da agenda econômica neoliberal do Instituto Millenium. Sua mudança de foco contribuiu para unir laicos, evangélicos (neopentecostais ou não) e católicos, disseminando o espectro da "ideologia de gênero" como uma suposta ameaça às crianças e à família brasileira em 2015, ano em que estados e municípios discutiram – respectivamente – os planos de educação estaduais e municipais.

Foi por meio da discussão dos planos educacionais país afora que o fantasma se alastrou pelo Brasil – ao contrário do que se noticiou na maior parte da imprensa – tanto por meio de lideranças neopentecostais quanto por católicas e laicas. Empreendedores morais formados por grupos de interesses diversos uniram-se para reagir ao avanço dos direitos sexuais, impedindo o reconhecimento da diversidade de gênero na escola. Sua aliança, que teve características circunstanciais, prováveis divergências internas e objetivos que iam muito além de combater o que batizaram de "ideologia de gênero", pôs em ação uma cruzada moral baseada em um mesmo campo discursivo de ação.

Sonia Alvarez (2014) denomina de campo discursivo de ação as preocupações político-culturais compartilhadas por grupos diversos e que delimitam suas práticas mesmo que seus diagnósticos sobre a mesma questão sejam divergentes. Assim, é possível compreender "ideologia de gênero" como um referente compartilhado a despeito de diagnósticos diversos sobre o que ele significa e das razões pelas quais ele deveria ser combatido. Se para a Igreja representa uma vertente teórica e política que contesta sua hegemonia em fóruns internacionais, para seguidores religiosos, é uma noção que ameaça concepções idealizadas sobre a família e seu papel social, e, para agnósticos com interesses políticos ou econômicos à direita, representa uma agenda oculta de doutrinação "marxista".

O espectro "ideologia de gênero" delimitou um campo discursivo de ação que podemos reconhecer como unindo imaginariamente uma suposta ameaça de "nos tornarmos uma Cuba ou uma Venezuela" ao pensamento acadêmico feminista, estabelecendo um enquadramento da política em torno do medo de mudanças na ordem das relações entre homens e mulheres, e da extensão de direitos a homossexuais. Discussões macropolíticas foram substituídas ou sobrepostas por uma retórica que trouxe à opinião pública o diagnóstico de que a origem de problemas sociais estava relacionada com as mudanças comportamentais que deviam ser combatidas. O contexto foi propício a uma confluência entre duas agendas: uma econômica e outra de costumes. Apesar de distintas, elas também encontravam intersecções, como a da teologia da prosperidade entre os membros religiosos e a histórica proximidade entre a extrema-direita e os setores mais conservadores moralmente. Um inimigo comum, a "ideologia de gênero", selou a aliança.

Historicamente, os estudos acadêmicos de gênero e sexualidade sempre estiveram em um diálogo com os ativismos feministas e LGBTI+ sem que tenham partilhado de uma visão comum. A esfera de pesquisa acadêmica tem suas especificidades, assim como a dos movimentos sociais. Tratar ambas como iguais e um só segmento distorce a realidade. Também é questionável associá-las com a esquerda política, que pesquisas comprovam não ter acolhido demandas feministas e LGBTI+ (Bimbi, 2010; Pinto, 2003; Alvarez, 2014). Essas reivindicações não foram incorporadas nem mesmo durante governos latino-americanos encabeçados por políticas mulheres, como na Argentina, durante o governo de Cristina Kirchner (2007-2015); o já mencionado Brasil, governado por Dilma Rousseff (2010-2016); o Chile, de Michelle Bachelet (2006-2010 e 2014-2018) ou a Costa Rica, sob o governo de Laura Chinchilla (2010-2014).

Ao menos durante a última ditadura militar brasileira (1964-1985) e o período chamado de redemocratização, a esquerda teve relações próximas com a Igreja Católica (Prandi; Souza, 1996) e outras religiões no interesse comum de defender os mais pobres das consequências de políticas econômicas que os relegou à precariedade.[6] As metas redistributivas na esfera do reconhecimento só tiveram acolhida recente pela esquerda, já no século XXI, mas nunca se tornaram prioritárias. Como dito na Introdução, mesmo no governo de nossa primeira presidente mulher, as principais ações contra a desigualdade social encampadas pelo Executivo se deram nas relações étnico-raciais e focadas no trabalho por meio das ações afirmativas no ensino superior e da extensão de direitos trabalhistas às domésticas.

A apreciação de demandas de igualdade jurídica por parte da população LGBTI+ tem sido adiada pelo Congresso

---

[6] Prandi e Souza (1996) discutem o que definem como a despolitização carismática da Igreja Católica, historicizando as relações entre o catolicismo e a esquerda brasileiros durante a ditadura militar (1964-1985), assim como seu relativo distanciamento após a redemocratização. De forma geral, o estudo permite reconhecer a pendularidade católica entre esquerda e direita, pois se aproxima da primeira na defesa dos mais pobres e da segunda na agenda moral.

Nacional, o que levou a um protagonismo do Supremo Tribunal Federal em medidas como o reconhecimento de uniões entre pessoas do mesmo sexo (2011) e a posterior igualação ao casamento (2013) – coincidentes com o Governo Rousseff – assim como – já durante o governo de extrema-direita de Bolsonaro – na criminalização da homofobia, igualando-a ao crime de racismo (2019). Propostas de igualdade de direitos e cidadania plena foram acolhidas de forma tópica e paulatina pelo Estado brasileiro sem protagonismo do Executivo sob a presidência do PT, o que coloca em xeque a associação mecânica entre a esquerda e a pauta dos direitos sexuais e reprodutivos, assim como construída pela direita no fantasma da "ideologia de gênero".

Gênero não é ideologia, tampouco projetos políticos de igualdade entre homens e mulheres, hétero e homossexuais, entre outras, uma pauta da esquerda. Gênero é um conceito científico criado pela Medicina na década de 1950 e, posteriormente, incorporado e desenvolvido pelos estudos acadêmicos feministas para compreender a diferença entre sexo biológico e as relações de desigualdade construídas cultural e politicamente sobre essa diferença. Até hoje o conceito de gênero enfrenta recusas dentro do ativismo identitário e no campo de pesquisa sobre mulheres e sujeitos LGBTI+. Portanto, "ideologia de gênero" é uma noção que atribui unidade a um campo heterogêneo de ativismo e pesquisa, além de associar coisas muito distintas: ciência com ideologia, e a defesa dos direitos sexuais e reprodutivos com a esquerda.

A associação entre ciência e ideologia, estudos acadêmicos com ativismo e demandas de direitos sexuais e reprodutivos com a esquerda é não apenas imprecisa, mas também oportunista. Durante um governo de esquerda em que a presidente era uma mulher, grupos políticos se reapropriaram de um termo já antigo ("ideologia de gênero"), conferindo-lhe uma popularidade e um poder que ele nunca teve. "Ideologia de gênero" colou na imagem do Governo Dilma – abalado pelos escândalos de corrupção – e no Partido dos Trabalhadores com a força de disseminação que apenas um meme tem na esfera pública técnico-midiatizada. Em uma sociedade que tende a se fundir com a opinião pública moldada pelas redes sociais, disputas entre grupos de interesse podem se cristalizar em oposições binárias, simplistas e moralizantes como a de uma luta do bem contra o mal.

A criação de uma teoria da conspiração sintetizada no termo "ideologia de gênero" contribuiu decisivamente para consolidar uma aliança política circunstancial entre segmentos da direita que tinham agendas distintas e que, por isso mesmo, precisavam se unir em torno de uma plataforma moral comum. Dessa maneira, já afastada Dilma Rousseff e empossado Michel Temer, transformaram a campanha eleitoral de 2018 em uma cruzada contra a corrupção econômica e moral que atribuíam à esquerda e à política profissional. Colheram frutos da onda de criminalização da política e também da oportunidade de associar à esquerda o que apresentaram como uma agenda comportamental. Nesse sentido, contaram com a forma como ativismos das diferenças se expressavam on-line, em um repertório de práticas e termos que sintetizaram no "politicamente correto".

Não há consenso sobre o que seria o "politicamente correto", termo que emerge em reação às políticas das diferenças, ora designando algo positivo, ora, mais frequentemente, algo negativo. Segundo os dados que colhi durante a pesquisa, ao observar embates nas redes sociais entre 2017 e 2019, o "politicamente correto" adquiriu dois significados antagônicos no Brasil contemporâneo. Sob a perspectiva da defesa das diferenças e das demandas de igualdade, caracterizaria o respeito e o tratamento justo de grupos historicamente subalternizados. Na perspectiva dos que se opõem a essa diligência, seria a imposição de "minorias", a demanda por "privilégios" ou, ainda, sinônimo de censura ou ataque a valores que partilham.

O "politicamente correto" tendeu a circular em posts e réplicas em uma lógica de que desigualdades e injustiças poderiam ser atenuadas – e/ou reconhecidas – por meio de mudanças de atitudes e de vocabulário, o que, na esfera pública técnico-midiatizada, disseminou práticas punitivistas de alguns e reações indignadas de outros, com um saldo aparentemente mais favorável para os conservadores, cujos valores encontram respaldo na tradição e no senso comum. Uma importante distinção entre os campos merece ser mencionada: enquanto os defensores das diferenças evocavam o Estado e a legislação como instâncias reguladoras, os opositores defendiam a moral e a ordem familiar.

O fato acima ajuda a compreender a aliança entre defensores do mercado contra o Estado (capitaneados pelo Instituto Millenium), os que lutam contra a esquerda (como o Movimento Brasil Livre) e aqueles que se engajam pela defesa da família e das crianças (que têm entre suas fontes o Escola sem Partido). Esse acordo foi potencializado pelo quadro de criminalização da política e do ódio contra instituições, ambas aproximadas no que os conservadores viam como questionamento de seus valores e policiamento de seus comportamentos. Unidos, puderam disseminar uma cruzada moral contra a "ideologia de gênero".

Seria essa cruzada contra os direitos humanos? Prandi e Santos (2017) mostram que os líderes religiosos e seus seguidores são majoritariamente contra a pena de morte, mas tendem a apoiar a redução da maioridade penal. Jacqueline Teixeira (2016), em pesquisa sobre políticas de gênero e sexualidade em uma das maiores igrejas neopentecostais do Brasil, mostra que há uma incorporação e ressignificação de temas feministas por grupos religiosos não apenas na forma de empreendedorismo econômico feminino, mas também na luta contra a violência doméstica justificada – nesse contexto – pelo papel da mulher na família. Por isso, talvez seja mais acurado afirmar que constituem grupos com visões próprias sobre os direitos humanos e que buscam limitar seu alcance à família heterossexual.[7]

Pedro Paulo Gomes Pereira (2018) também chama a atenção para a heterogeneidade dentro do segmento evangélico em que há visões divergentes sobre gênero e sexualidade entre seus seguidores, assim como entre líderes religiosos e crentes. A existência de igrejas inclusivas reforça essa percepção de que os evangélicos não podem ser vistos como um bloco homogêneo tampouco como necessariamente contrários aos direitos sexuais, reprodutivos ou aos estudos acadêmicos sobre gênero e sexualidade. Em suma, temos que circunscrever os empreendedores morais da cruzada aos seus nichos e interesses sem incorrer em generalizações que caem na simplista oposição religiosos *versus* laicos.

A cruzada moral em foco não foi formada apenas pelo segmento religioso, mas tendeu ao consenso em se apresentar contrária aos direitos humanos como são compreendidos pelo ativismo feminista e LGBTI+. A partir da moral predominante em sua aliança, e em reação ao repertório de ação e vocabular dos ativistas – que discutirei em mais detalhes nos próximos capítulos –, os cruzados buscaram delimitar os limites do humano definindo quais vidas podem ser vividas e quais serão mantidas fora da igualdade jurídica. Afirmaram-se como defensores da família e da probidade pública, abstendo-se de reconhecer ou externar as consequências que a recusa do termo "gênero" traz para aquelas e aqueles que relegam ao preconceito e à discriminação e, no limite, à violência e à morte.

A despeito do formato de cruzada, a campanha contra a "ideologia de gênero" não pode ser atribuída apenas a

---

[7] Muitos fazem uso estratégico do discurso dos direitos humanos. O melhor exemplo é o emprego do artigo 12 da Convenção Americana de Direitos Humanos, de 1969, para as notificações extrajudiciais do Programa Escola sem Partido aos professores que o acusam de "doutrinação".

fundamentalistas religiosos. A associação entre os opositores dos estudos de gênero e dos direitos sexuais e reprodutivos a religiosos em geral, ou a uma de suas vertentes, também precisa ser ponderada. A maior visibilidade de políticos que são também pastores ou bispos evangélicos pode passar a impressão de que sua liderança equivale a domínio numérico. Um país com maioria católica, inclusive em suas elites, tende a tornar o catolicismo menos visível. Além disso, cabe a cautela de não atribuir a preocupação moral apenas a agentes religiosos, deixando de reconhecê-la em outros grupos de interesse e, sobretudo, apoiadores.[8]

Proponho analisar a cruzada buscando reconhecer que ela funcionou pela perseguição a um fantasma em que vários grupos de interesse circunstancialmente unidos projetaram seus inimigos políticos. A heterogeneidade dos agentes que iam da Igreja Católica a lideranças evangélicas neopentecostais e defensores laicos do liberalismo econômico, assim como de seus objetivos – que iam da disputa pelo controle de políticas públicas, de comissões parlamentares ou até de nichos eleitorais –, não impediu que sua ação articulada tenha sido bem-sucedida no impedimento de que uma perspectiva de gênero fosse adotada nos planos de educação federal, estaduais e municipais; no impedimento de Rousseff e, sobretudo, na vitória eleitoral em 2018, que lhes permitiu redirecionar a política de direitos humanos do Executivo.

O sucesso da cruzada se deve à melhor estratégia de comunicação e ação política desse grupo na esfera pública técnico-midiatizada e, em grande parte, também ao seu *timing*: a aliança se estabeleceu em nosso país no já mencionado período marcado por escândalos de corrupção, operações do Judiciário

---

[8] A ênfase nas bases religiosas da cruzada moral pela maior parte da bibliografia a que tive acesso durante a pesquisa pode se explicar porque vem de estudiosos especializados em religião e que, por ofício, tendem a priorizá-la e hipervisibilizá-la.

contra políticos e partidos, e o *impeachment* de Dilma Rousseff. A criminalização da política pode ter sido a principal responsável por: 1. fortalecer os grupos de interesse com pauta moral na esfera pública e, em especial, na política e 2. ascender o campo discursivo de ação em torno dos direitos sexuais e reprodutivos – rebatizados pelos empreendedores morais de "ideologia de gênero" – como delimitador de disputas em torno de direitos e políticas públicas.[9]

Em conjunto, tais inflexões criaram terreno propício para que atores com agenda política e econômica neoliberal se unissem a empreendedores morais históricos (como a Igreja Católica e alguns seguidores de religiões evangélicas), reforçando a campanha contra a ampliação dos direitos sexuais e reprodutivos, e a perspectiva dos estudos de gênero e sexualidade. Berenice Bento (2017; 2018) tem argumentado que as evidências históricas indicam que vivemos um período de acirramento das disputas entre grupos estabelecidos e aqueles que demandam reconhecimento e direitos, portanto, algo que não caiu como um raio em um céu azul. Suas análises, historicamente fundamentadas, permitem colocar em xeque a bibliografia recente que interpreta o que se passa como "reação" conservadora, como se estivéssemos num caminho contínuo de conquistas de direitos e reconhecimento que teria sido surpreendentemente interrompido.

A interpretação de que vivemos uma "reação conservadora" expressa análises feitas predominantemente sob a

---

[9] Nossa extrema-direita bebe em uma vertente neoliberal com raízes no Sul dos Estados Unidos – como o Instituto Mises, do Alabama –, a qual se baseia economicamente na apologia do mercado frente ao Estado, no desmonte de políticas públicas e sua privatização, além da defesa de concepções reacionárias de família e nação, críticas à democracia, nenhum apreço à justiça social, à igualdade ou ao bem-comum. Sobre a forma como a extrema-direita brasileira encara políticas sociais, vide o debate "Movimentos anti-igualitários na educação e na saúde", organizado por Miskolci e Pereira (2019).

perspectiva dos ativismos pelos direitos sexuais e reprodutivos, ou seja, sem o devido distanciamento analítico para abarcar todo o campo de disputas, o que permitiria identificar outros atores sociais e as inter-relações entre eles. Sem reconstituir a história que nos trouxe aos embates atuais, essa vertente de estudos reifica os conflitos e os agentes, deixando de prover reflexões mais nuançadas sobre eles, o que envolve reconhecer sua heterogeneidade interna, assim como o compartilhamento de campos discursivos entre antagonistas.

Desse modo, em uma perspectiva histórica, a cruzada moral foi gestada por quase duas décadas até emergir entre 2011 e 2013, e ser disparada em 2014-2018 por um trabalho contínuo de grupos de interesse que, desde então, têm atuado como empreendedores morais em suas comunidades decepcionadas com os políticos e desafiadas por um contexto econômico cada vez mais competitivo, no qual a unidade familiar é vista como fundamental para sobrevivência. Assim, líderes políticos conservadores agiram como empreendedores morais, disseminando pânico em relação ao que chamaram de "ideologia de gênero".

A compreensão de qualquer pânico moral envolve sempre responder à mesma questão: *cui bono?* Quem se beneficia do medo coletivo? Os empreendedores morais que desencadeiam campanhas sob o formato de cruzada, catalisando as respostas emocionais ao terror que eles próprios disseminam. A partir do que discutimos no primeiro capítulo, é possível afirmar que a cruzada moral foi facilitada pela esfera pública técnico-midiatizada, que tem seu eixo central nos serviços comerciais de rede social e nos aplicativos de troca de mensagens. O caráter densamente emocional desse contexto permite que os perfis de alguns líderes-influenciadores digitais agreguem seguidores e gerem reações coletivas imediatas. O uso de robôs e o disparo automático de mensagens, expedientes denunciados após as eleições de 2018, ampliam o alcance de seus posts, potencializando compartilhamentos. O tropo discursivo da cruzada envolveu linguagem hiperbólica, apresentando os estudos de gênero, e os direitos sexuais e reprodutivos como uma catástrofe potencial. Em seus posts, memes e vídeos, os empreendedores morais apresentaram-se como defensores da família e da nação contra uma suposta conspiração feminista e homossexual (cf. Messenberg, 2017).

A extrema-direita foi bem sucedida em incorporar o enquadramento midiático dominante de moralização da política que focava na probidade dos negócios públicos associando-o também à moralidade privada (Miskolci & Balieiro, 2023). Soube aproveitar o contexto propício para fortalecer uma visão sobre a política que a beneficiava, na qual o posicionamento diante de assuntos de interesse comum parece se reduzir a escolhas óbvias entre o bem e o mal, o certo e o errado, a moral e a corrupção.

Nesse campo discursivo de ação convertido em reino do medo e performado como cruzada moral, a política compreendida como diálogo agonístico – o contraste de perspectivas divergentes, mas com fins comuns – se transmuta em uma guerra que só pode terminar com a eliminação do adversário compreendido como inimigo, no caso, uma espécie de doutrina enganosa a ameaçar a família brasileira. O que tais grupos apresentaram como perigo mefistotélico a ser evitado ou, pior, combatido? A julgar pelas mensagens que circularam nas redes sociais, nos cartazes de protesto nas câmaras legislativas à época das discussões dos planos de educação ou nos memes durante a campanha eleitoral de 2018, por meio do termo "ideologia de gênero", apresentaram como supostas ameaças o casamento entre pessoas do mesmo sexo, a contracepção e a interrupção da gravidez, o acesso a tecnologias reprodutivas por casais homossexuais, a criminalização da homofobia e a educação sexual.

Seguindo a cautela sociológica de distinguir quem apoia e os objetivos de quem conduz a cruzada moral, podemos circunscrever os resultados e benefícios aos membros da aliança de extrema-direita que congregou aliados religiosos e agnósticos. Ambos terminaram por ser bem-sucedidos em sua estratégia: os políticos com base eleitoral religiosa e/ou conservadora alcançaram o protagonismo moral e o controle da pauta de direitos humanos no Executivo, e os agnósticos conseguiram instalar sua agenda de redução de direitos e políticas sociais, assim como de reformas pró-mercado no Executivo e no Legislativo. Fugindo ao esquemático, vale recordar que muitos – como os adeptos ou pregadores da teologia da prosperidade – partilham objetivos, colocando agenda moral e econômica em um mesmo pacote.

No que concerne aos direitos sexuais e reprodutivos, cabe aventar se o principal ponto em comum dos aliados contra eles seria o autoritarismo. Não me refiro apenas à valorização da última ditadura militar ou aos arroubos dos que cultuam torturadores, mas a algo um pouco mais sutil: o autoritarismo como resposta às demandas sociais de igualdade e reconhecimento. A censura ao termo "gênero" nos planos educacionais não foi mera questão semântica, mas ação deliberada de impedir o aprendizado de meios para a demanda de igualdade e autonomia por parte de mulheres, assim como o de direitos fundamentais como segurança e respeito à própria vida no caso de homossexuais, pessoas trans, entre outras.

Butler, em um artigo do final da década de 1990, intitulado "A palavra contagiosa" (1997), discutiu a política das forças armadas no governo Clinton, que passou a aceitar homossexuais desde que eles/as não se declarassem enquanto tais. Essa proposta era apelidada de *Don't ask, don't tell* (não pergunte, não responda). Ao analisar a recusa da enunciação da palavra "homossexual" naquele contexto, Butler auxilia a decifrarmos o nosso. O que uma cruzada moral contra um conceito, o de "gênero", nos revela sobre parte de nossa sociedade? Em uma era em que as homossexualidades ganharam visibilidade e direitos, e, inclusive, sua recusa não é preponderante,[10] a cruzada em pauta busca suprimi-las dos documentos. Ou seja, é com a reação continuada à aprovação do casamento gay no Brasil que tais grupos buscam restaurar a imagem da homossexualidade como suposta ameaça à "coesão social".

Para empreendedores morais, a coesão social é indissociável de repressão e regulação do desejo. Entre eles, o sentimento de solidariedade social emerge da sublimação da homossexualidade, estabelecendo o sentimento de culpa como a liga comunitária. Culpa fundada na proibição, a qual toma o lugar e a satisfação do desejo, já que a repressão faz parte da economia libidinal de forma que, nas palavras de Butler, "A proibição não busca obliterar o desejo proibido; ao contrário; a proibição busca a reprodução do desejo proibido..." (1997, p. 117). Em outras palavras, a luta por eliminar um termo, gênero, torna-se autorreferente e dissemina-o, gerando um circuito social – e também psíquico – de interdição intensificadora do desejo. Assim, a paranoia homossexual cria o social de dentro para fora na perseguição a um fantasma do qual não conseguem se desvencilhar.

Qual seria o medo que alimenta a cruzada moral contra um conceito? Possivelmente, o medo de que pessoas homossexuais falem em seu próprio nome, o que seria uma infração à lei divina ou à ordem social como os empreendedores morais a compreendem: de forma autoritária. Na visão desses líderes políticos, homossexuais, mulheres, negros, entre outros/as, devem ser nomeados, definidos e seus direitos restringidos pelas autoridades religiosas, psicológicas e políticas. Não é mero acaso que

---

[10] Prandi e Santos (2017, p. 194), a partir de pesquisa do Pew Research Center realizada em 2013, mostram que 39% dos brasileiros consideravam a homossexualidade moralmente inaceitável, enquanto a pesquisa do Datafolha de 2014 feita com o eleitorado nacional afirma que apenas 27,4% considerava que a "homossexualidade deve ser desencorajada por toda sociedade".

muitos entre eles persigam religiões afro-brasileiras, defendam a "cura gay" ou façam apologia da ditadura e da tortura.

A cruzada moral se opôs a mudanças nas relações de poder por meio da defesa da família; na verdade, um arranjo doméstico compreendido por esses grupos de maneira pouco condizente com a realidade sociodemográfica nacional. Os empreendedores morais que deflagraram a cruzada definem a família como indissociável da heterossexualidade e do controle dos homens em relação às mulheres e aos filhos, defendendo, portanto, a autoridade absoluta do pai e a família como verdadeiro estado de exceção – naturalizando e tornando inquestionáveis as desigualdades e violências dentro dela.

Todo pânico moral é resultado da ação de empreendedores morais que aproveitam uma oportunidade para impor sua agenda à coletividade como garantia de segurança frente ao que ela teme. Mas pânicos morais têm fim, e o em torno da "ideologia de gênero" parecia estar se esgotando desde a vitória da extrema-direita, em 2018, seu controle e redirecionamento ideológico das políticas públicas em direitos humanos, educação e relações exteriores. Até que as pautas morais ganharam novas feições no início da década de 2020 (cf. Kessler, Miskolci & Vommaro, 2024), sobrevivendo para além do pânico moral.

É possível que um dos aprendizados da cruzada moral contra a "ideologia de gênero" seja aquele apontada por Virginia Woolf como o de expor à análise a resistência à emancipação. Na sociedade brasileira contemporânea, documentar a oposição de empreendedores morais à demanda de igualdade por parte de mulheres e pessoas LGBTI+ permite identificar ansiedades e medos coletivos despertados em alguns segmentos sociais pelas mudanças nas relações de poder, em especial as que envolvem mudanças nas hierarquias de gênero e sexualidade.

Trazer as ansiedades e os medos coletivos ao discurso, em especial o pânico homossexual que disparou a cruzada e permanece em seu cerne, pode contribuir para superá-los ou, ao menos, para repensar o derrotado repertório de ação e o vocabulário dos defensores dos direitos sexuais frente à estratégia de comunicação vencedora dos empreendedores morais na esfera pública técnico-midiatizada. É sobre esse repertório que tratam os próximos capítulos.

Capítulo 3

A política identitária no neoliberalismo

Em 2010, durante um evento do jovem ativismo universitário na Universidade Estadual de Campinas (Unicamp), assisti a uma mesa formada por feministas de longa carreira e reconhecimento ser interrompida por um "protesto" de uma ala do movimento LGBTI+: uma ativista subiu nua ao palco e fez um discurso contra a ciência, a universidade e a mesa – que dizia ser formada por "feministas brancas do Sul e Sudeste". O auditório, lotado por jovens ativistas vindos de todo o país, apoiou entusiasmado o escracho que se desenrolou em uma sucessão de questionamentos e desqualificações feitos às pesquisadoras.

As quatro mulheres que compunham a mesa e dedicaram suas vidas à pesquisa e à luta por uma sociedade mais igualitária eram acusadas de "roubar" o lugar de outras, não brancas e vindas de outras regiões. Convidadas pela organização do evento a participar, agora eram constrangidas e contestadas por terem aceitado. Os ativistas defendiam uma noção de representatividade ancorada no fenótipo e no local de moradia em detrimento do conhecimento sobre o tema e do engajamento político. A identificação e a representatividade eram refutadas em nome da associação direta entre identidade, experiência e conhecimento.

O que regia o "protesto" que, além de desqualificar as convidadas, as alocava como responsáveis pela ciência que patologizara a negritude, a feminilidade e a homossexualidade?

Eram todas pesquisadoras, e uma delas também ativista, reconhecidas por refutarem tais perspectivas em suas investigações e atuação política. Por que eram elas o alvo e não quem efetivamente assim procedia? Por que a universidade e a ciência, abertas às diferenças, eram atacadas?

As respostas a essas questões espinhosas necessariamente nos levam a terreno controverso e potencialmente conflituoso. A partir do contexto argentino, Mario Pecheny, Luca Zaidan e Mirna Luccacini (2019) analisam esse repertório de práticas extremas que inclui o escracho como parte de estratégias mais amplas de vitimização no contexto de governança neoliberal. Nele, a esfera pública tem sido transformada em um espaço não apenas de conflito polarizado em novos termos técnico-midiáticos, como já vimos nos capítulos anteriores, mas também em espaço de competição entre diferentes vítimas que buscam se tornar visíveis, chamar atenção e ganhar prioridade para seus sofrimentos particulares.

Findo o escracho, acompanhei as colegas a um café onde conversávamos sobre o ocorrido – entre o choque e a estupefação – quando um professor com raízes no movimento LGBTI+ declarou que, para ele, tudo era compreensível. Recordo-me da expressão de desprezo com que encarou uma das colegas feministas que tinha acabado de sofrer ataques dizendo que apoiava os ativistas e sua perspectiva. Naquele momento se instaurou um silêncio entre os presentes, e – sem que ninguém externasse – passou pelas mentes a hipótese de que o mencionado professor tivesse incitado o escracho.

O meio acadêmico, como qualquer outra área profissional, é permeado de antagonismos, mas, naquele caso, uma especificidade do campo dos estudos de gênero e sexualidade se impunha: a já conhecida estratégia de jogar estudantes contra adversários se imiscuía também em um impulso anti-intelectual que opunha compromisso político e academia, como se fosse necessário priorizar um em detrimento do outro. A história dos estudos sobre diferenças refuta tal oposição simplista e comprova intercâmbios entre movimentos sociais e universidade, então o que se passava podia ser algo diverso: a recusa às políticas da diferença em uma perspectiva dos estudos de gênero e queer em favor de uma assentada na afirmação de identidades essencializadas.

Aquele escracho no evento da Unicamp prenunciava os termos dominantes em que atuaria o ativismo das diferenças sexuais no Brasil da década de 2010, um período em que os movimentos sociais perderiam espaço de interlocução no governo federal (COLLING, 2013) ao mesmo tempo que ascenderiam adversários poderosos contra os direitos sexuais e reprodutivos na arena pública. Em diversos seminários, as mesas passaram a incluir supostos "ativistas", criando cenas em que colegas que trabalhavam em perspectivas não essencialistas e a própria universidade eram atacados. Assim como mostram Larissa Pelúcio e Tiago Duque (2020), escrachos se repetiram criando constrangimentos, calando vozes de pesquisadoras relevantes e plantando divisões dentro do campo dos estudos de gênero e sexualidade.

O escracho faz parte de um repertório de ação do ativismo sexual baseado no julgamento e na condenação públicos de pessoas com o intuito de desqualificar seu discurso e sua perspectiva política. Quem faz uso desse recurso busca monopolizar a autoridade e a fala sobre um tema de pesquisa ou pauta política, alocando seus supostos adversários no polo do poder e da dominação. Nesse intuito, apresentam a si mesmos como vítimas e, portanto, moralmente superiores no campo da luta pela justiça social. Segundo Daniele Giglioli: "Ser vítima outorga prestígio, exige escuta, promete e fomenta reconhecimento, ativa um gerador poderoso de identidade, de direito e de autoestima. Imuniza contra qualquer crítica, garante a inocência para além de qualquer dúvida razoável" (2017, p. 11).

A tática de redução de desigualdades estruturais complexas na dicotomia algoz-vítima simplifica radicalmente as relações sociais,[11] expediente perfeito para a esfera pública técnico-midiatizada. Aqueles e aquelas que buscam atenção e reconhecimento podem fazer de sua identidade uma plataforma política, transformando o antigo slogan feminista de que o pessoal é político na versão neoliberal de que o político pode ser usado com fins individuais.

O ativismo sexual baseado em identidades semeou o que podemos denominar de empreendedorismo de si, a capitalização de uma identidade-condição de vítima cristalizada no tempo e no espaço. Historicamente, a política identitária se assentou na afirmação essencializada de si mesma. Além disso, o que a caracteriza no neoliberalismo é a recusa de mediações intelectuais e políticas, o que torna sua agência, dentro de organizações como movimentos sociais, partidos e universidades, marcada pela anti-institucionalidade.

O ativismo que promoveu políticas da diferença baseadas em identidades e, por conseguinte, em demandas de visibilidade e voz apenas para aquelas e aqueles que encarnam uma injustiça social enfraquece os meios para a organização coletiva. Pecheny (2010) afirma que a vitimização como um modo de subjetivação erodiu a possibilidade de organização coletiva, porque levou à individualização das demandas e a uma crescente compatibilidade entre o que aqui apresento como ativismos identitários e o funcionamento econômico do neoliberalismo. Acrescentaria que seu funcionamento vai além do econômico e se justifica ideologicamente por meio da

---

[11] Da bibliografia feminista recente que problematiza a vitimização, destaco a obra de Daniele Giglioli (2017). Marta Lamas (2018) faz críticas aos abusos na onda de denúncias de assédio sexual, e Meghan Daum (2019) discute criticamente as campanhas midiáticas no estilo #metoo e as novas formas de ativismo e manifestações feministas.

disseminação de formas de subjetivar – como as da militância identitária.

Vale recordar o exposto no Capítulo 1, de que a emergência de uma esfera pública técnico-midiatizada trouxe condições estruturantes que moldam a nossa experiência e, sobretudo, a dos mais jovens na descoberta de questões políticas, inserindo-os em um contexto que incentiva a compreensão de si a partir de uma identidade-perfil e da ação sem mediações na vida social. Talvez essa imersão nas plataformas de socialização on-line seja ainda mais poderosa entre aquelas e aqueles com vivências e perspectivas dissidentes em relação ao gênero e à sexualidade.

Sujeitos estigmatizados ou expostos a formas contínuas de discriminação tendem a buscar abrigo on-line, onde talvez possam construir redes de apoio. A internet anterior ao controle pelos serviços comerciais de rede social atendia a essa demanda de construção de conexões por afinidades cujas interações podiam prover suporte emocional e construção de resiliência. A interação por plataformas regidas de algoritmos e outras características culturais que incentivam a competição em vez da colaboração induz usuários a adotar respostas imediatas e diretas ao que sua rede on-line reconhece como injustiça. Assim, esses jovens estão mais expostos aos efeitos que o uso contínuo e predominante de meios digitais acarreta, como a tendência a recusar a perspectiva de mediadores sociais aderindo a posições conflitivas e polarizadas que justificam impulsos anti-institucionais e ação direta, inclusive a versão on-line do escracho conhecida como cancelamento.

Cancelamento pode ser compreendido, a partir do dicionário on-line Macquarie (2020), como "atitudes de uma comunidade para interromper o apoio a uma figura pública, como o cancelamento do papel dela em um filme, o banimento de uma música ou sua remoção das redes sociais". Cancelar, nessa acepção, tem o objetivo de censurar e causar prejuízo financeiro a alguém do universo de entretenimento. No contexto brasileiro, marcado pela violência e pela atuação de milícias, também há o uso do termo "cancelar" em frases sobre execuções sumárias, como "cancelaram tantos CPFs hoje". Assim, cancelar – entre nós – adquire significado próprio que sublinha não apenas o desejo de humilhar publicamente alguém ou lhe causar prejuízo econômico, mas também, possivelmente, de exterminá-lo.

Nada diverso seria de se esperar de uma política essencialista assentada na identidade, um simulacro autoritário da diferença e uma expressão questionável de meritórias demandas de reconhecimento e igualdade. Talvez essa forma de política identitária seja expressão de busca por uma espécie de tábua de salvação no mundo de águas turbulentas do neoliberalismo. Quem se apega a essa tábua-identidade busca preservá-la só para si, atacando qualquer um que mostre suas fissuras – o que é lido como se a invadisse –, temendo que, caso isso ocorresse, viessem a naufragar juntos. A identidade essencializada só pode existir mantendo seus contornos exteriores, reforçando as fronteiras e expulsando o que pode abalar sua impermeabilidade ao outro em relação ao qual só pode existir como negação ou oposição. Esse fato torna a política identitária dependente do acionamento contínuo de repertórios conceituais e de práticas que a preservem dos abalos do pensamento crítico ou das fissuras da solidariedade.

O escracho e o cancelamento são algumas práticas que compõem o repertório da política sexual identitária no Brasil contemporâneo. Práticas dirigidas tanto a adversários comuns – como conservadores e reacionários – quanto a colegas dentro do mesmo campo de atuação política e produção de conhecimento. No meio densamente emocional dos serviços comerciais de rede social, influenciadores digitais lideraram campanhas de suposta conscientização política que permitiram ampliar ou consolidar sua base de seguidores ao mesmo tempo que destruíam aqueles que consideravam adversários no que talvez possamos chamar de mercado do reconhecimento na esfera pública técnico-midiatizada. Nessa linha, podem-se inserir campanhas como a #MeuProfessorAssediador, versão nacional de muitas outras similares que Meghan Daum (2019) critica como eticamente inaceitáveis por se aproveitarem do anonimato das redes on-line para acusar pessoas sem apresentar provas, tampouco garantir o direito à defesa.[12]

Como isso foi possível? Sem a existência de facilitadores, tal forma de política não teria se tornado hegemônica, já que seus expedientes tendem mais a semear a discórdia e criar inimigos do que construir consensos e alianças. Assim como o colega do nosso campo revelou apoiar o escracho de professoras feministas na Unicamp, muitos outros e outras fizeram algo similar, abrindo espaço e acolhendo membros de uma potente e promissora nova geração de universitários que, infelizmente, mais uma vez – pelas compreensíveis juventude e inexperiência – seria manipulada dentro do xadrez da vida profissional universitária, em que a política é, parafraseando ironicamente Clausewitz, claramente a guerra por outros meios.

Atendo-me à política sexual e à disputa pela autoridade sobre temas de investigação, a plataforma de supressão da identificação político-intelectual como meio para investigar em nome da identificação corporificada daquele que fala a partir do que é – portanto, de uma experiência que existiria sem mediações – pode expressar dois fenômenos relacionados no contexto universitário: 1. a nostalgia de segmentos

---

[12] A partir do contexto norte-americano e focada apenas no ativismo feminista, Meghan Daum (2019) descreve campanhas baseadas em expressões associadas ao termo "acordar", a exemplo de "acordei para minha condição" ou da hashtag #acorde..., como típicas da geração moldada pelas redes sociais on-line. Lá como cá, um corte geracional tem criado conflitos que – na visão da autora – derivam da ignorância sobre o trabalho de gerações anteriores, assim como da recusa ao diálogo por parte das mais jovens.

acadêmicos de um sujeito histórico reconhecível que transferiria as lutas por justiça social da redistribuição econômica para a do reconhecimento, e 2. o parco conhecimento e respeito pelas pesquisas sobre gênero e sexualidade de seus colegas que, na visão desses facilitadores, parecem substituíveis pelos próprios sujeitos que imaginam ser seu objeto de estudo.

Cabe sublinhar que a maioria das pesquisas na área de sexualidade e gênero envolve objetos como as relações sociais generificadas, diferenças e desigualdades, e o papel social de instituições e organizações coletivas na reprodução ou transformação dessas relações. Esses estudos não têm como objeto de investigação identidades ou sujeitos em si mesmos, antes sua inserção social, suas relações, suas formas de organização comunitária ou política, assim como o Estado, o mercado e as diferentes instituições que os interpelam.

Pode ser que alguns facilitadores da política identitária dentro das universidades tenham sido inspirados por ideais nobres. As raízes socialistas-cristãs de parte dos intelectuais podem ter favorecido uma sacralização dos movimentos sociais em vez de sua compreensão como legítimos grupos de interesse. Alguns segmentos acadêmicos são afeitos à interpretação de que existiriam representantes autênticos do povo, uma espécie de sujeito político original e puro que preexistiria e, quiçá, se imporia às mediações da política que moldam sua organização coletiva em movimentos sociais, nos partidos políticos e na comunidade científica.

A aposta naqueles que se apresentam na universidade como representantes de grupos subalternizados revela a expectativa de que um novo sujeito histórico venha a substituir o proletariado, reacendendo a chama da revolução. A recusa de mediações que caracteriza a esfera pública técnico-midiatizada também alcançou a área acadêmica ou, de forma mais acurada e provável, reforçou mitos políticos preexistentes dentro de alguns de seus segmentos. O resultado foi tornar secundária a mediação formativa da ciência em favor de uma produção que vocaliza a própria identidade como transparente, em suma, uma forma de anti-intelectualismo encampada em contextos acadêmicos e que espelha fenômeno similar on-line. Desde meados da década de 2010, as diferenças – e a área de gênero e sexualidade em especial – geraram atenção da mídia, formaram "comunidades" nas redes sociais digitais e um mercado para intelectuais midiáticos sobre o tema.

Nas redes sociais, ativistas transformavam discussões acadêmicas e políticas complexas em pauta identitária e vigilância comportamental, atuando como polícia a perseguir todos que não seguissem suas prescrições. A codificação do que deveria ser reflexivo em um manual de conduta disseminou uma visão caricatural das discussões sobre gênero e sexualidade no Brasil. Problemáticas históricas e culturais de raízes estruturais que, portanto, demandam mudanças coletivas foram traduzidas nas redes sociais e na grande mídia como uma agenda individualista de mudança comportamental e de atitudes. Assim como abordado no Capítulo 2, esses repertórios passaram a ser chamados de "politicamente correto" pela oposição conservadora que encontrava nessa leitura de demandas de igualdade como imposição de uma agenda de costumes a janela de oportunidades para se fortalecer e ganhar apoiadores.

Jair Messias Bolsonaro afirmou em seu discurso de posse no dia 01 de janeiro de 2019: "É com humildade e honra que me dirijo a todos vocês como Presidente do Brasil. E me coloco diante de toda a nação, neste dia, como o dia em que o povo começou a se libertar do socialismo, se libertar da inversão de valores, do gigantismo estatal e do politicamente correto". Fala que remete ao que a extrema-direita compreende como "politicamente correto". A partir do material empírico que colhi on-line durante a pesquisa, tal definição pode ser associada às constantes censuras e aos ataques de ativistas às postagens dos líderes de direita. É possível aventar a hipótese de que tal tática de réplica contribuiu para a maior adesão ao discurso e à perspectiva da extrema-direita, entre 2017 e 2018, quando se posicionou em defesa das "maiorias", da família e da nação frente àqueles/as que viam como "minorias", cujo comportamento permitia reconhecê-las como "intransigentes".

A vigilância comportamental e ideológica que conservadores chamam de "politicamente correto" é uma tática que aposta em transformações individuais, como se mudanças no vocabulário e nas atitudes tivessem poder de mudança social, incentivando vigilância comportamental generalizada e, consequentemente, gerando conflitos e polarizações. Em vez do convite ao diálogo e ao engajamento em lutas que poderiam ser coletivas, delimitaram-se monopólios de fala que definiam o poder de proferir julgamentos de superioridade moral. Em lugar de se demandar justiça social, espalhou-se a prática da denúncia, do escracho e do cancelamento visando – consciente ou inconscientemente – a vinganças. Nossa sociedade historicamente punitivista incorporou as reivindicações de reconhecimento em violentas disputas morais que terminaram por favorecer seus opositores e adversários.

Na universidade, aos ataques dos populistas de extrema-direita que vinham de fora se somavam os ataques identitários internos em um revés inesperado de incorporação das diferenças no debate público. Assim como outras instituições de mediação social, a academia passou a ser um dos alvos preferenciais de ataques de ambos os lados e teve que lidar – da noite para o dia – com um contexto inesperado. Pesquisadoras e ativistas de longa data viram, não sem surpresa e vergonha, a forma distorcida como discussões sobre desigualdades de gênero foram incorporadas pelos coletivos que se disseminaram nas universidades.

Frequentemente organizados sem base em movimentos sociais ou maior contato com a sociedade fora das fronteiras do ativismo estudantil, tais coletivos se formaram em torno de pautas políticas antigas como se fossem novas, ignorando também a produção científica prévia. Formados por uma geração conectada, incorporaram a horizontalidade propagandeada pelos serviços comerciais das redes sociais como sinônimo de democracia, voltando-se para radicalismos e ação direta. Muitos coletivos capitanearam uma onda de denúncias contra as próprias instituições que os acolhiam e contra os servidores, docentes e técnicos, os quais passaram a ser vigiados e perseguidos pela dita polícia comportamental (TORRES; FERNANDES, 2018).

Além dos escrachos contra palestrantes, analisados por Pelúcio e Duque (2020), bancas de defesa e apresentações em eventos se sucederam na década de 2010, criando uma produção que substituía a pesquisa pela denúncia, a reflexão, pelo ressentimento e a análise, pelo ódio. Tudo isso contribuiu para a desqualificação das universidades e do ensino superior público como supostos espaços anárquicos, mal administrados e afeitos a comportamentos questionáveis pela maioria da população brasileira. Também foram potencializados os ataques dos segmentos de direita, havia muito interessados em desmontar o sistema de ciência e tecnologia, e privatizar o ensino superior público.

A cor da pele, a orientação sexual ou o pressuposto "grau de adequação de gênero" de alguém passaram a ser objeto de avaliação e acusação. A posição profissional na pirâmide socioeconômica começou a ser chamada de privilégio em uma grave miopia sociológica: o que é social e estrutural passava a ser atribuído ao indivíduo em um contínuo tribunal facilitado pelas novas tecnologias. Elas contribuíam – por meio de sua contínua vigilância comportamental e perseguição – para que diversos segmentos sociais começassem a apoiar a extrema-direita e sua explícita oposição ao "politicamente correto".

Deveria ser óbvio, mas em nossos dias se tornou fundamental afirmar com todas as letras que questionar alguém por seu sexo, raça, cor, etnia, orientação sexual, gênero ou local de moradia como delimitadores do que pode investigar, sobre o que pode falar ou como definir a qualidade do seu trabalho é – além de anti-intelectual – algo profundamente autoritário, assentado em sua principal forma de expressão contemporânea: a política identitária em suas lógicas neoliberais.

Nossa era está consolidada na celebração do indivíduo compreendido a partir da sua identidade, em lógicas de reconhecimento substitutivas à plena cidadania e no incentivo ao empreendedorismo de si em todas as esferas, inclusive na acadêmico-intelectual, cada vez mais colonizada pelas lógicas midiáticas. Cynthia Hamlin e Gabriel Peters mostram, em seu estudo, como a segmentação identitária se insere e aprofunda o fenômeno sociológico da busca por soluções individuais e até biográficas para problemas coletivos. Isso está associado ao uso individualista da noção de empoderamento, que "acabou operando como instrumento de dissolução de alianças coletivas, contribuindo para a substituição de um sujeito político robusto, capaz de alterar a si mesmo e a sociedade, por identidades frágeis, vulneráveis e voltadas para si mesmas" (2018, p. 180).

Uma pesquisa que propunha compreender a ascensão da extrema-direita em torno de uma plataforma moral comum me levou a reconhecer sua organização vinculada à forma como a política das diferenças se disseminou na sociedade brasileira em uma versão que promoveu formas de agência política que, nos casos mais extremos, flertam com o extermínio, gerando verdadeiras milícias. Milícias porque, como os grupos de extermínio que atuam à revelia do Estado e da Justiça, são predominantemente formados por sujeitos que não são atores relevantes da sociedade civil organizada, nem membros plenos da comunidade acadêmica, tampouco têm engajamento na produção de conhecimento pautado em compromissos políticos coletivos, ou seja, são compostos por agentes que atuam como grupos de extermínio simbólico daqueles encarados como adversários. Sua principal forma de atuação se dá por meio do acionamento de ressentimentos nas redes sociais e em espaços coletivos similarmente afeitos a tais arroubos e comportamentos de manada.

Nenhuma causa ou objetivo justifica políticas assentadas em vigilância, perseguição e outras formas de violência. Já temos experiência e reflexão suficientes para reconhecer que agressões e violência não vêm só de fora da área dos estudos de gênero e sexualidade, mas também grassam internamente contra vozes moderadas e que clamam pelo diálogo. Defender tais vozes é uma obrigação ética para com uma área construída a duras penas por gerações de pesquisadoras, como a daquela mesa alvo de escracho na Unicamp. Sem críticas contundentes à política identitária neoliberal, ela continua a contribuir para a disseminação de uma versão distorcida, populista e autoritária de meritórias teorias, conceitos e projetos políticos de igualdade.

A seguir, busco estender a análise desse segmento da política sexual para além de seu repertório de ação, voltando-me para seu principal repertório conceitual, o qual prioriza interesses individuais em detrimento das causas coletivas, do rigor na produção científica e do efetivo compromisso com a justiça social. Analisarei três termos que foram oportunisticamente alçados a supostos conceitos, os quais discuto como sendo noções estratégicas na disputa pelo monopólio, controle e poder de veto nas discussões sobre diferenças. O foco está nos termos da novilíngua instaurada na área de gênero e sexualidade, que – com adaptações – podem auxiliar a refletir sobre fenômeno similar em outros campos de pesquisa. "Local de fala", "experiência" e "cisgeneridade" traduzem a afirmação identitária neoliberal que nos trouxe a esse contexto conflituoso, marcado pela recusa ao diálogo, pela censura e pelo anti-intelectualismo.

Capítulo 4

O vocabulário identitário: "local de fala", "experiência" e "cisgeneridade"

Para discutir o repertório conceitual da política identitária, permitam-me retomar a memória de infância que abre o *Teoria Queer: um aprendizado pelas diferenças:*

> Ainda recordo como, ao acordar, colocava o uniforme e seguia para a escola. Era o final da década de 1970 e vivíamos sob o governo do General Figueiredo. No pátio, tínhamos que formar filas: duas para cada sala de aula, uma de meninos e outra de meninas. Começavam aí as "brincadeiras", nas quais os meninos mais robustos empurravam os mais frágeis para a fila feminina, espaço desqualificado em si. Só paravam diante do sinal para o hasteamento da bandeira, cantando o Hino Nacional. Depois, entrávamos na sala, de forma ordenada, marchando feito soldados em miniatura. Nela, a professora rabugenta e conservadora ameaçava usar uma régua de madeira contra os indisciplinados. Ainda pior eram as ameaças dos valentões no banheiro e na saída, espaços liminares do perigo entre a escola e o lar.
> Tinha apenas sete anos, daí não perceber que a minha turma concentrava os estudantes mais privilegiados economicamente e, não por acaso, era uma sala massivamente branca. Ali, naquele ambiente autoritário, organizado para inculcar os valores da ditadura militar instaurada pelo Golpe de 1964, o estudávamos como tendo sido uma "revolução". Vivíamos sob a sombra de uma ordem política e

> social que girava em torno do poder masculino, e a masculinidade se confundia com a violência em um jogo injusto e cruel para as meninas, mas também para os meninos que, como eu, não gostavam de futebol, tampouco queriam emular o comportamento dos adolescentes que, com 18 anos, adentravam a vida adulta em seus uniformes do serviço militar obrigatório.

O trecho acima toma uma memória escolar como ponto de partida para uma reflexão sociológica sobre as relações entre a educação e as regulações de gênero. Inspirei-me na discussão feminista sobre experiência, em especial a da historiadora Joan W. Scott (1998), segundo a qual não são sujeitos que têm experiências, mas sim as experiências que constituem os sujeitos e, por isso, devem ser objeto de investigação. Em vez de partirmos do que somos, devemos pesquisar o que nos trouxe aqui, as circunstâncias culturais e históricas que nos constituíram como sujeitos. A memória evocada, portanto, não era transparente em si, mas sim o ponto de partida de todo um livro refletindo sobre ela como meio para compreender o autoritarismo brasileiro e suas relações com as regulações de gênero.

O clássico artigo de Scott "A invisibilidade da experiência" (1998) ["The evidence of experience", no original de 1991] desenvolve uma discussão epistemológica que questiona não só procedimentos historiográficos, mas também socioantropológicos que tomam o sujeito como dado e sua experiência, como evidência do que é. Em outras palavras, a teórica feminista questiona que a experiência de alguém seja transparente a quem a vivencia e afirma a necessidade de análise histórico-social para compreendê-la. O que somos hoje é o resultado da história e das relações sociais que demandam trabalho intelectual e rigor acadêmico para identificar e compreender.

Meu intuito ao evocar uma memória escolar não era autoetnográfico, antes situar histórica e socialmente minha reflexão sociológica e queer sobre a educação, nosso país e seu passado autoritário. A lembrança tampouco demandava a autoridade de um suposto "local de fala", compreendido como uma identidade, convidava, outrossim, à recusa a toda forma de autoritarismo, inclusive a pretensão de deter a verdade sobre si próprio.

Leitores do ensaio "O subalterno pode falar?", de Gayatri Spivak, sabem que a questão da pesquisadora indiana radicada nos Estados Unidos foi inspirada pela posição de estudiosos como Michel Foucault e Gilles Deleuze sobre o papel do intelectual e de sua produção em meio às disputas de poder. Em uma conversa entre os pensadores franceses de 1972, Deleuze chega a afirmar: "Não existe mais representação, só existe ação: ação de teoria, ação de prática em relações de revezamento ou em rede" (2006, p. 70). Foucault, por sua vez, acrescenta: "o que os intelectuais descobriram recentemente é que as massas não necessitam mais deles para saber; elas sabem perfeitamente, claramente, melhor do que eles; e elas o dizem muito bem" (p. 71).[13]

Spivak, como intelectual mulher vinda de um país periférico, revela questionar a posição de Foucault e Deleuze de que aos intelectuais caberia apenas criar ferramentas para a ação (política) dos subalternizados, abstendo-se de "falar por eles/as" e/ou de "representá-los/as". A partir da realidade indiana, Spivak desenvolve uma sofisticada reflexão fincada na dúvida de se o subalterno pode falar por si próprio como propunham – sem dúvida, com a melhor das intenções – Foucault e Deleuze, e começa situando seu saber a partir de aspectos da vida indiana que tornavam questionável essa expectativa de que as minorias falassem por si próprias. Assim, construindo um saber situado, ela diagnostica a violência epistemológica que os estudos ocidentais sobre sua sociedade criaram ao reduzir o fenômeno controverso e multifacetado dentro de seu próprio país do que passou a ser conhecido como "autossacrifício de viúvas".

---

[13] Vide o diálogo completo traduzido como "Os intelectuais e o poder: conversa entre Michel Foucault e Gilles Deleuze" na coletânea organizada por Roberto Machado e publicada como *Microfísica do Poder* (2006).

A problemática sociológica clássica do suicídio encontra no texto de Spivak um contraponto feminista não-ocidental. Se no estudo de Durkheim prevalece o suicídio masculino, no de Spivak, o foco é o feminino. O suposto "costume" do autossacrifício das viúvas é questionado como interpretação antropológica ocidental de um fenômeno menos coeso e disseminado do que parece aos próprios indianos e indianas. O enfoque da autora muda para o suicídio de mulheres solteiras grávidas cuja "honra perdida" lhes impelia à morte autoinfligida. De forma dramática, começamos a refletir se a muitos subalternos a única "fala" que resta é um gesto de autodestruição.

O ensaio spivakiano sugere que – ao menos em realidades como a indiana – não há como a maioria dos subalternizados falar se compreendermos o "falar" da questão "O subalterno pode falar?" como se posicionar em defesa de sua humanidade; "falar" no sentido de ter a capacidade de demandar o direito a existir em igualdade com seus congêneres. Alguém terá que "falar" por pessoas cujas condições de vida são vulneráveis e, no limite, podem levá-las ao (auto)extermínio.

Spivak articula a essa reflexão social crítica sobre as condições em que vivem e morrem pessoas subalternizadas uma outra da filosofia política envolvendo os limites da representação política. Sua argumentação, portanto, questiona a interpretação hegemônica sobre a mesma base empírica e histórica (a do chamado "autossacrifício das viúvas") articulada à dos limites da representação. Fundamentada em Marx, a professora da Universidade Columbia refuta a recusa foucaultiana/deleuziana a "falar pelo outro" e expõe o fato de que o subalterno não pode falar (por si próprio), porque, quando o tenta, tem seu discurso delimitado pelo enquadramento de poder que o subalternizou.

A resposta à questão-título – "O Subalterno Pode Falar?" – é *não*, o subalterno não pode falar. Na polêmica com Foucault e Deleuze sobre o papel do intelectual, Spivak afirma que ele não pode apenas prover ferramentas para que os subalternos falem/ajam por si próprios. A autora nos apresenta uma análise "inconveniente" no Brasil da década de 2010. Ao contrário de interpretações correntes, sua posição é a de que cabe aos intelectuais da periferia do mundo rever criticamente o conhecimento produzido sobre nós, e esse saber situado terá que ser apresentado em favor dos subalternizados.

O subalterno não tem como falar a partir da sua experiência compreendida como evidência do que é, já que sua condição de inferioridade demanda um trabalho investigativo – o qual pode e muitas vezes é – feito não por eles próprios, antes por aqueles que se "identificam" com sua subalternidade e se voltam contra as condições que a criaram. A experiência daqueles e, sobretudo, daquelas cuja subalternização os relega à vulnerabilidade, à desigualdade e até ao extermínio não fala por si só.

O exercício analítico de Spivak, que usa história e sociologia local para contestar as interpretações ocidentais sobre autoimolação feminina, é um *tour de force* intelectual que ela prova não poder ser terceirizado. Sua polêmica respeitosa com Foucault e Deleuze não é uma disputa com os intelectuais franceses sobre quem poderia falar pelos subalternizados, antes o reconhecimento de que suas obras eram muito mais do que meras ferramentas na formação de um repertório para que outros dele fizessem uso. Na perspectiva de Spivak, ela própria, Deleuze e Foucault teriam o dever ético-intelectual de representar aqueles que não podem falar diante do poder, buscando desenvolver uma nova gramática de emancipação.

A posição de Spivak – fundamentada epistemologicamente – diverge da dos filósofos franceses sobre o que poderia ser descrito como a tese da "transparência do poder" e do papel do intelectual em relação aos subalternizados. Quando Foucault e Deleuze dizem que as pessoas sabem o que desejam e podem usar suas obras como armas na luta política, estão contrapondo-se à figura do intelectual total que dominara a cena francesa por quase um século e transferindo seu poder para a sociedade civil organizada. No entanto, Spivak, vinda da Índia, sabe que, na maioria dos contextos nacionais – inclusive na França –, nada garantiria que falar a verdade ao poder venha um dia a prescindir dos intelectuais acadêmicos nem a substituir a investigação pela autoetnografia ou afirmação da própria identidade.

O ensaio de Spivak prova que as relações de poder não são "transparentes", e compreendê-las envolve pesquisa e análise especializadas, e, ao fazer isso, quase inevitavelmente, os intelectuais estarão representando/falando por subalternizados. Daí a espinhosa constatação de que o trabalho intelectual não pode ser substituído e de que o investigador acadêmico se manterá em uma relação de representação – mesmo que não queira – em relação àqueles cuja condição pesquisa.

A proposta de divisão de trabalho feita por Foucault e Deleuze é contestada por Spivak, e voltamos à relação – frequentemente colaborativa, mas também marcada por divergências – entre investigadores acadêmicos e lideranças da sociedade civil organizada. É comum que membros de movimentos sociais ou ativistas defendam suas posições políticas – ou, como está na moda, seu "local de fala" – a partir da experiência, por vivenciarem "na pele" o preconceito e a discriminação. Na visão de autoras feministas como Spivak e Scott, tal afirmação é questionável, porque naturaliza e torna estáticas condições posicionais.

O final do ensaio de Spivak conflui com as obras dos filósofos franceses em uma linhagem de estudos que poderíamos chamar (seguindo a definição do próprio Foucault citada por ela) de saberes insurgentes. Tais saberes teriam – para além das características herdadas de Foucault, Deleuze e Derrida – também a preocupação com a experiência e o desenvolvimento de saberes situados. Foi nesse sentido que usei uma lembrança escolar como meio para refletir sobre o que nela me excedia e compartilho com a sociedade brasileira as regulações que vivemos juntos – quer saiamos como esperado, quer sejamos rotulados como desviantes, diferentes ou estranhos.

Em outras palavras, a lembrança que evoquei em *Teoria Queer: um aprendizado pelas diferenças* serviu não para afirmar o que eu supostamente sou, tampouco me autorizar a falar, mas sim, como *leitmotiv*, para investigar a gramática da diferença – e, por conseguinte, da desigualdade – que nos trouxe ao presente e ao que somos no Brasil contemporâneo. Sem o trabalho intelectual investigativo do sociólogo, aquela lembrança seria individualizada, usada como evidência de uma identidade ou mera validação de uma fala como autoridade. Dessa forma, ela tangenciaria a principal tarefa de qualquer cientista social: investigar em favor da coletividade, mesmo que os resultados alcançados coloquem em xeque a si próprio, suas crenças e valores.

Não por acaso, a lembrança evocada sublinha regulações de gênero, como as divisões em filas e as "brincadeiras" em que os meninos empurravam seus colegas mais frágeis para o lado feminino. Tal memória mostra também que o gênero é social e envolve relações de poder em que a posição de cada um muda segundo as circunstâncias. Coerente com os ensinamentos de Judith Butler, o gênero não é algo que se tem ou se é, mas uma imposição social a que todos nós sempre respondemos e nunca atendemos plenamente.

Homens homossexuais, como os que entrevistei em minha pesquisa para o livro *Desejos Digitais* (2017), relatam a experiência recorrente de serem chamados de "mulherzinha" na infância ou adolescência e, na vida adulta, de não serem considerados "homens de verdade". Homens heterossexuais, por sua vez, vivem em uma eterna avaliação de que não são homossexuais. Mulheres heterossexuais enfrentam cotidianamente interpelações por fazerem coisas que nossa sociedade ainda afirma serem "de homem". Formas similares de regulação interpelam muitos outros sujeitos.

O fato acima prova que a corrente noção de "cisgeneridade"[14] – de que alguém estaria alinhado subjetivamente ao sexo

---

[14] Para uma revisão bibliográfica da noção de cisgeneridade sob a perspectiva identitária trans, consulte Silva, Souza e Bezerra (2019).

assignado ao nascer – não tem base empírica quando atribuída a homossexuais, nem em relação a muitos heterossexuais. Tampouco o termo "cis" é epistemologicamente coerente com o conceito de gênero em sua concepção analítica. A afirmação de que alguém é coerente com o gênero designado ao nascer ignora as dinâmicas coletivas e estruturais que fazem valer regulações contínuas e jamais findas. Somos regulados desde antes de nascermos, quando uma mulher grávida é interpelada com a questão "Será menino ou menina?", até nossas mortes. Berenice Bento (2016) mostrou como tal regulação é dramática para mulheres trans que, ao serem mortas, são restituídas pela imprensa – nas notícias sobre os assassinatos – e pelo Estado, em suas certidões de óbito, ao gênero designado ao nascer.

Seriam tais violências que demandam coerência de gênero – e que militantes identitários denominam de "cis" – um mensurador da gradação da recusa social em que o mais agredido e subalternizado seria celebrado como a vanguarda nos estudos de gênero ou no movimento LGBTI+? Tal asserção ignora justamente o fato de que o mais subalternizado não tem – nos termos de Spivak – como falar ou – como o estudo de Berenice Bento mostra – é relegado à morte. Dessa forma, sua condição social de subalternidade poderá gerar *commitment* – identificação política –, tornando-se objeto de análise crítica por qualquer pesquisador/a.

Quem almeja "local de fala" não está em situação de vulnerabilidade extrema e, na verdade, invoca uma forma essencialista de disputar ou monopolizar um tema de investigação ou uma pauta política em contextos que frequentemente acusa de privilegiados, mas para os quais aspira a ascender como autoridade inquestionável. Fugindo ao debate que colocaria à prova seus argumentos, sua "fala" adquire feições de julgamento moral da realidade, usando a meritória demanda de justiça social em benefício próprio, não do debate público ou da causa coletiva.

A tese da gradação da subalternidade social visibiliza algumas violências e sujeitos em detrimento de outras violências e sujeitos, gerando mais questões espinhosas: Seriam as outras formas de violência regulatória sem importância? Os sujeitos que sofrem essas violências seriam ignoráveis, secundários ou com sua "fala" restrita apenas ao que "lhes diz respeito"? Tais noções de normalidade assentadas em neologismos como "cis" e de graus de aproximação da generificação normal servem efetivamente para lidar com regulações dinâmicas e sujeitos em constante interpelação social? Ou visam à delimitação de um campo próprio de atuação na pesquisa e no ativismo? Quais as razões para desejar tal monopólio? Reserva de mercado que revela interesses profissionais? Ou também a tentativa de circunscrever a normalidade aos outros sujeitos, deixando de reconhecer em si próprios sua latência?

Noções como "local de fala", "experiência" e "cisgeneridade" não se sustentam em termos empíricos e epistemológicos. Só fazem sentido como armas retóricas em disputas por uma reserva de mercado em eventos, em uma área de estudos e, claro, em um movimento social organizado a partir da justaposição de identidades que, ao mesmo tempo que permite reconhecer sua heterogeneidade interna, fragiliza sua unidade e, em tempos neoliberais, promove mais a competição e o conflito do que alianças.

Quem crê pertencer a uma "identidade" que de forma revolucionária contesta a normalidade necessariamente precisa projetar tal normalidade de forma cristalizada em seus supostos concorrentes ou inimigos. Quem pensa e – pior – age dessa forma encarna uma versão contemporânea do Barão de Münchhausen, aquele que conseguia sair de uma situação difícil alçando a si próprio pelos cabelos para fora do solo em que todos os outros mortais viviam.

A projeção da "normalidade" no outro e a sua redução a uma linearidade fixa que denominam "cisnormatividade" contradizem a ênfase dos estudos de gênero no caráter dinâmico das relações de poder. Caso o que dirigisse tal equívoco fossem "interpretações" de teorias como a de Butler sobre a matriz heterossexual, seria necessário apenas refutá-las, mas nada indica ser esse o caso. O segmento do ativismo e dos estudos que busca projetar a normalidade/generificação em gays, lésbicas ou heterossexuais percorre – em paralelo à extrema-direita e à sua afirmação de fronteiras de gênero fixas e intransponíveis – o mesmo impulso autoritário fixado em identidades inquestionáveis.

Uma área de estudos – quiçá até um campo de luta política – poderia ser aberta a qualquer pessoa comprometida (*committed*) com a árdua tarefa de investigar o objeto que a define criando trabalhos a partir de sólida base empírica e metodológica. Na área científica, o que pode ser avaliado é a qualidade do trabalho investigativo – e, no caso das áreas de diferenças, os caminhos de emancipação que ele aponta –, mas não cabe julgar a identidade do pesquisador.

Se a pessoa que pesquisa é mulher ou homem, negro ou branco, homo ou heterossexual, coerente ou não com o gênero assignado ao nascer, pouco importa. Cabe recordar que várias teóricas queer não eram lésbicas, como Eve Kosofsky Sedgwick. Outrossim, indo fundo no passado, Marx e Engels não pertenciam à classe trabalhadora, Lukács era filho de banqueiro, e a lista poderia se estender com muitos outros exemplos de pesquisadoras e pesquisadores reconhecidos cuja "identidade" não define a qualidade de suas obras tampouco seu compromisso político.

Assim, *Teoria Queer: um aprendizado pelas diferenças* buscou identificar e analisar regulações de gênero e experiência como constitutivos da sociedade em que vivemos, afetando a todos e todas em relações de poder desiguais e injustas, cujos meandros só podemos reconhecer quando as exploramos em suas especificidades nacionais e em suas expressões relacionais. Portanto, em relações de poder mais sofisticadas do que a mera repressão, as quais compreendemos apenas quando a análise extrapola a perspectiva individual, reconhecemos as mediações das experiências e a contextualidade das identidades, frágeis e fadadas à contínua interpelação pelo tempo e pela cultura.

Capítulo 5

Epílogo para uma era de batalhas morais

Neste livro, argumentei que as políticas das diferenças são muitas e nada impede que sejam conduzidas de forma dialógica, buscando o convencimento dos que se opõem ou desconhecem suas demandas, a construção de alianças e consensos. No Brasil da década de 2010, as propostas de igualdade e reconhecimento na área de gênero e sexualidade seguiram predominantemente outro caminho: não apenas pela emergência da esfera pública técnico-midiatizada, mas também porque se priorizou uma política fincada na afirmação essencialista das identidades e em seu repertório de práticas. Somadas à melhor articulação da aliança conservadora e sua estratégia de comunicação bem-sucedida, contribuíram para que vivêssemos uma era de confrontos morais que favoreceu os adversários da ciência e dos direitos sexuais e reprodutivos.

A esfera pública contemporânea tornou-se técnico-midiatizada pela síntese de características tecnológicas, comerciais e midiáticas. Suas principais características tecnológicas envolvem o controle algorítmico das interações nas plataformas de rede social, as quais geram bolhas de opinião e polarizações. O modelo de negócios desses serviços levou à unificação de perfis em um único usado para circular em toda a rede, o que permite a coleta de dados e sua comercialização para construir modelos psicométricos que favorecem a publicidade, o direcionamento de informações e, portanto, renovadas formas de manipulação da opinião pública. As características midiáticas dessa esfera pública aprofundam as já existentes na era das comunicações de massa, mas estendem aos usuários uma versão simulada da cultura das celebridades que gera maior adesão e fidelização aos serviços de rede social permeados por velhos e novos expedientes de desinformação.

Em conjunto, tais características da esfera pública técnico-midiatizada incitam a valorização da comunicação direta das redes digitais, a recusa e – no limite – até os ataques às instituições e aos profissionais cujo trabalho é justamente a mediação. As discussões políticas e as eleições passaram a depender ainda mais da estratégia comunicacional dos grupos de interesse, muitos dos quais passaram a se organizar em paralelo aos partidos políticos ou os manipulando e reconfigurando. O jornalismo profissional tem sido recusado e hostilizado assim como a universidade, e os professores foram motivo de denúncias e investigações que abalaram seu reconhecimento e, no Brasil, também justificaram cortes de verbas e propostas de privatização.

Tal contexto facilita a criação e disseminação de teorias conspiratórias que – por meio de simplificações extremas – dão inteligibilidade a quadros sociais e políticos complexos para uma opinião pública conectada e, por isso mesmo, ávida por respostas imediatas e soluções simples. A esfera pública técnico-midiatizada torna seus membros reféns de uma espécie de "inconsciente tecnológico", um termo empregado por pesquisadores como Roger Burrows e David Beer (2013) para designar os componentes da sociabilidade on-line que a maioria dos usuários desconhece e não controla. Aqui proponho aprofundar o uso do conceito de "inconsciente tecnológico" para designar também a forma como o uso das tecnologias da informação e comunicação transforma os desejos, modifica as tomadas de decisão e incita a agência dos sujeitos.

Teorias da conspiração, como a de que existiria uma "ideologia de gênero", demonstram – para além da manipulação das redes digitais por grupos de interesse – o poder que as TICs delegam aos usuários para a construção de teorias e narrativas paralelas às baseadas em fatos e evidências. Sem a mediação de especialistas e o reconhecimento das instituições historicamente dedicadas à criação controlada – por checagem ou avaliação cega por pares – de notícias, análises e hipóteses, a imaginação assentada no senso comum ganha poder e se impõe, muitas vezes negando até o princípio de realidade. Esse negacionismo é frequentemente disfarçado de democratização na produção e disseminação do conhecimento, já que – ao menos durante a década passada – fez uso da contestação da autoridade como estratégia para agregar apoio de uma massa de pessoas apartadas de condições – sobretudo econômicas e educacionais – para aceder a uma perspectiva crítica sobre a realidade em que vivem.

O contexto afetou diretamente a escola e a universidade, atacadas não só por fora, mas também por dentro. Conflitos históricos de uma sociedade desigual foram parar na sala de aula – primeiro no ensino básico, depois no médio até que, na década de 2010, alcançaram o ensino superior. Demandas meritórias de democratização foram, muitas vezes, instrumentalizadas em disputas de poder que colocaram em xeque as instituições e atingiram diretamente seus membros. O potencial da educação de contribuir para a construção de uma sociedade mais justa foi abalado, muitas vezes por seus próprios méritos, como o de oferecer um serviço público a uma população em sua maioria apartada de condições para discernir entre as instituições e os profissionais que buscam ser seus parceiros na luta por uma sociedade mais justa – a escola, a universidade e os educadores – de seus reais adversários nesse objetivo.

O que se passou foi inevitável? As experiências históricas e sociais não são inexoráveis, antes o resultado de contradições e escolhas que nossa coletividade tomou. No que se refere ao papel da educação na construção de uma sociedade mais igualitária em relações de gênero e sexualidade, tivemos a grande derrota quanto aos planos educacionais e ao reconhecimento da sociedade do potencial transformador da educação. Ataques externos e conflitos internos se deram em torno dessa constatação comum: a educação e a ciência são poderosas.

Algumas formas de conflito interno atingiram as relações na sala de aula tanto nas escolas quanto nas universidades, entre as quais destaco duas que são diretamente relacionadas ao tema deste livro. A primeira é o questionamento da autoridade dos educadores por meio da apologia da horizontalidade como sinônimo de democracia, uma falácia promovida pelos serviços comerciais de rede social. A segunda é o questionamento dos currículos e dos conteúdos formativos em nome do reconhecimento e da incorporação das diferenças, fenômeno mais nuançado que causou desde arroubos de censura de autores até a positiva ampliação dos temas e da bibliografia.

A horizontalidade como sinônimo de democracia tem sua inspiração em seu simulacro: a esfera pública técnico-midiatizada que analisei no primeiro capítulo deste livro. A defesa da horizontalidade como democracia nos serviços comerciais de rede social é uma forma de vender seu produto, enquanto nas relações sociais serve à estratégia daqueles que buscam contornar hierarquias. A horizontalidade só é democracia para arrivistas sociais e sua implementação em espaços de organização coletiva e política, além de os beneficiar em detrimento de lideranças construídas com a experiência, o trabalho conjunto e o reconhecimento dos pares. A retórica da recusa às hierarquias só favorece aqueles que usufruem de algum ganho em meio à anarquia conflituosa e violenta que corrói as instituições: não apenas as políticas, mas também as educacionais e científicas. Democracia não prescinde de hierarquias e mediações, e a ausência delas é o que permite a instalação do autoritarismo.

A ampliação do acesso ao ensino trouxe positivamente a diversidade social brasileira para a sala de aula, tensionando currículos pensados para outro perfil estudantil, o que pode ser um incentivo a revisá-lo em uma perspectiva mais aberta e inclusiva. Por sua vez, a disseminação de temáticas das diferenças entre os jovens tornou-os mais críticos em relação à bibliografia das universidades, criando reações condenáveis, como as de censura de autores, obras ou, mesmo, de veto a professores dos quais discordam. Nesses casos, cabe às instituições promoverem o diálogo e apresentarem argumentos que reinstaurem a convivência com as divergências em um ambiente formativo que precisa se manter democrático e reagir a autoritarismos. Autores e obras clássicas não podem ser recusados a partir de um olhar contemporâneo, antes lidos e discutidos, reconhecendo suas contribuições – mesmo que sejam passíveis de críticas.

A esfera pública técnico-midiatizada também trouxe o desafio de lidar com as novas fontes informativas trazidas pela internet, as quais precisam ser avaliadas e filtradas por um olhar crítico que verifique sua procedência e fidedignidade. Nós, educadores e pesquisadores, precisamos aprender a reconhecer e a avaliar criticamente o borramento crescente entre conteúdos jornalísticos e de entretenimento, e, principalmente, destes em relação aos educativos e científicos. Não podemos confundir o registro jornalístico que busca informar com o que busca distrair, e, sobretudo, não podemos nos deixar enganar pelos falsos conteúdos educacionais ou de divulgação científica que circulam on-line.

Atendo-me aos materiais da internet que envolvem diferenças na área de gênero e sexualidade, sugiro distinguir o que se lê ou assiste a começar por sua procedência. Se é um texto jornalístico: Qual é seu veículo? Um jornal conhecido ou um site obscuro? Caso seja comprovadamente de um jornal, qual a perspectiva política dele? Quem escreveu o texto e quais suas credenciais? Cuidado redobrado é necessário em relação a blogs e canais de vídeo, os quais são permeados de amadores e diletantes que produzem e disseminam conteúdos com erros de toda ordem. Na dúvida, qualquer conteúdo que é comentado ou trazido à discussão em sala de aula precisa ser tomado como objeto de investigação e análise crítica a partir de fontes comprovadas, autores e obras reconhecidas.

É prudente desconfiar de conteúdos criados por intelectuais midiáticos, aqueles que usam de credenciais como a "experiência" ou um eventual título acadêmico para promover textos e vídeos escritos em registro jornalístico com intuito de influenciar a opinião pública. Frequentemente, quem fala em nome de algum grupo subalternizado em um órgão de imprensa – ou, de forma mais duvidosa, em uma rede social ou blog – está na mesma relação de representação do pesquisador universitário, mas não tem o mesmo compromisso do cientista de produzir conhecimento com rigor metodológico, a partir de fontes empíricas e muito menos de desenvolver análises conceitualmente coerentes e críticas.

Intelectuais midiáticos tendem a fazer uma espécie de divulgação científica, criando conteúdos que podem servir como ponto de partida para um debate em sala de aula, mas costumam não se sustentar em diálogo com a produção especializada que sempre foi a fonte dos conteúdos educacionais. A esfera pública técnico-midiatizada que se tornou hegemônica na década de 2010 contribuiu para potencializar o anti-intelectualismo não apenas nas óbvias e até caricaturais seitas terraplanistas, mas também na desvalorização das universidades, dos professores universitários e sua produção científica.

No campo de pesquisa em diferenças, disseminou-se a vigilância ideológica, as denúncias e perseguições contra professores/as que – em sua maioria – são expressão interna da mesma recusa de mediações e desqualificação do trabalho acadêmico-científico que vem de fora. Nas redes sociais on-line, pesquisadores/as profissionais tendem a ser "cancelados" por empreendedores de si que agem como competidores em um mercado midiático de ideias regido mais pela popularidade do que pelo rigor científico. Em conjunto, esses fenômenos confluíram em uma forma renovada de autoritarismo anti-intelectual que contribuiu para o empobrecimento do debate público e o recrudescimento da polarização política.

Os fatos acima permitem recordar a clássica investigação coordenada por Theodor W. Adorno, Frenkel-Brunswik, Levinson e Sanford e publicada em 1950 como *A personalidade autoritária*. O termo "autoritária" do título se refere, ao mesmo tempo, à sociedade e aos sujeitos. A obra une sociologia e psicanálise no intuito de diagnosticar o autoritarismo que persiste mesmo em sociedades democráticas. Os autores concluem que o contexto histórico e político de então levava os sujeitos a se sentirem inseguros e solitários, por isso afeitos à identificação com alguma autoridade e, no limite, ao líder fascista e à nação.

No campo do conservadorismo, a aceitação dos estereótipos justificava preconceitos e demonstrava ainda a recusa do pensamento crítico e da reflexão. As pessoas viviam suas vidas reagindo ao que não compreendiam, aderindo à autoridade que lhes apresentava uma leitura da realidade que lhes garantia a manutenção das diferenças fora das fronteiras geográficas ou comunitárias. Naquela época, a afirmação da heterossexualidade e do binarismo de gênero justificava pensar em ideais e estereótipos. Keila Deslandes mostra como, na sociedade brasileira contemporânea, chegamos a "uma gramática moral que consegue reduzir os medos e as desesperanças de pessoas comuns a uma tirania do óbvio" (2019, p. 2), disseminado o conforto psíquico de reiterar que "menino nasce menino; menina nasce menina" e "menino veste azul e menina veste rosa".

Há sempre uma contradição entre o normativo e a realidade, assim como tudo muda com o tempo e de acordo com a cultura. Na vida coletiva, quanto mais profundas, rápidas ou difíceis de entender, as mudanças nas relações sociais podem gerar desorientação e medo em alguns segmentos sociais. Grupos de interesse sempre buscarão explorar esse medo e desorientação a seu favor, assim como caberá aos estigmatizados e apresentados como ameaça desenvolverem respostas astuciosas e eficientes para não se tornarem os principais colaboradores de seus adversários. Na década de 2010, a cruzada moral ganhou a batalha na esfera pública técnico-midiatizada pelas razões apresentadas anteriormente, entre as quais destaco a forma como as diferenças se fizeram conhecer publicamente como um novo código de conduta e vocabular a ser imposto.

Em vez da estratégia de educar, praticar o convencimento e criar alianças, a política das identidades disseminou online práticas punitivistas, como a vigilância comportamental e ideológica, além do cancelamento que, off-line, materializa-se em escrachos e provocações que geram confronto, semeando a discórdia e inviabilizando diálogos. Uma tática que contribuiu para que conservadores de diferentes matizes condenassem a política das identidades como "politicamente correto" ou, por meio de outros termos, como "ditadura gay" – mais usada entre segmentos contra a criminalização da homofobia e pró-repatologização da homossexualidade – e "mimimi", este último menosprezando como infantil e vitimista qualquer denúncia de injustiça. Caberia, mantendo-nos críticos e em oposição a essas desqualificações, reconhecer que tais práticas são questionáveis, além de não terem se provado eficientes. Ao contrário, talvez tenham fortalecido os conservadores em seu discurso de defesa do que definem como a maioria, a família e a nação.

Meritórios desejos de participação política por meio das novas tecnologias da informação e comunicação foram manipulados por interesses comerciais e políticos, mas não devem nos levar a um diagnóstico apenas negativo das TICs. Ser otimista ou pessimista em relação ao mundo conectado são duas formas do determinismo tecnológico que espera que a tecnologia resolva todos os nossos problemas ou a culpa por tudo de ruim que vivemos. Na perspectiva da moldagem social da tecnologia, temos de reconhecer que ela é uma ferramenta que pode servir a muitos fins. Na década de 2010, a internet oligopolizada e manipulada por grupos de interesse populistas consolidou a esfera pública técnico-midiatizada, mas sua regulação econômica e legal pode recuperar seu potencial perdido e a transformar no futuro.

A aliança anti-igualitária que conquistou o poder nas eleições de 2018 e logrou maioria no congresso eleito em 2022 demanda análises que não deixem de reconhecer como os adeptos da política identitária essencialista contribuíram para sua vitória ao dilacerar formas democráticas de convívio que poderiam ter potencializado alianças no campo da defesa dos direitos humanos, em especial na área de gênero e sexualidade. Por mais paradoxal que pareça, ambos os que protagonizaram os embates discutidos anteriormente – empreendedores morais e ativistas identitários – têm em comum a recusa do conceito de gênero. Os conservadores porque reconhecem nele a abertura para demandas LGBTI+ e feministas, enquanto, para os ativismos identitários, é um conceito que coloca em xeque a perspectiva essencialista em que se baseia seu repertório político.

A história do conceito de gênero é marcada por resistências à incorporação por parte dos movimentos feministas, especialmente nas décadas finais do século passado, e por parte dos movimentos LGBTI+, nas primeiras décadas do novo milênio. Na academia, as resistências ao conceito de gênero geraram a alternativa francesa das "diferenças sociais de sexo", assim como na última década alguns criaram o ovo de Colombo da "identidade de gênero". Gênero não é identidade, assim como – por princípio – é um conceito que abre uma perspectiva não binária para permitir identificar e compreender regulações que interpelam os sujeitos, alocando-os em posições intransitivas de masculino e feminino.

Na perspectiva dos estudos queer, há relativa confluência na compreensão de gênero como produto de regimes regulatórios. Nas palavras de Butler: "Gênero não é exatamente o que alguém 'é' nem é precisamente o que alguém 'tem'. Gênero é o aparato pelo qual a produção do masculino e do feminino se manifesta junto com as formas intersticiais, hormonais, cromossômicas, físicas e performativas que o gênero assume" (2014, p. 253). Acrescentaria que, nessa visão foucaultiana que partilho, gênero é resultado de processos regulatórios contínuos que nos interpelam desde antes do nascimento até após a nossa morte.

O caráter processual dos regimes regulatórios que fazem e desfazem os gêneros nos leva a constatar como o senso comum reconhece em identidades o que especialistas veem como posições sociais e históricas provisórias dentro de um fluxo. Cristalizá-las como referentes para a reflexão ou luta política traz consigo outros problemas, como o estabelecimento de novas formas de regulação na resistência e sua possível colonização pelas lógicas contra as quais afirma se voltar.

O gênero como resultado de regimes regulatórios equivale à resposta a interpelações mais ou menos obrigatórias – e por vezes violentas – que precisamos identificar e contra as quais podemos lutar politicamente. À política identitária há a alternativa de uma política da diferença, a que busca manter abertas as fissuras nos regimes regulatórios assim como modificá-los para ampliar as possibilidades de autocompreensão e ação no mundo. Enquanto a política identitária defende a posição de sujeitos que se formaram na resistência às interpelações, a política das diferenças tem como foco as próprias interpelações.

Políticas da diferença dão maior atenção ao estrutural-normativo em que estamos inseridos, trazendo consigo outra vantagem estratégica em relação à política identitária: a de superar a aparente oposição diferença-universalidade. Se alcançarmos o consenso de que o gênero é tão necessário à inteligibilidade dos sujeitos e à sua ação no mundo como produto de processos regulatórios normativos nos quais podemos intervir, então será possível formar alianças entre todas e todos a quem tais processos violam e reprimem, bem como entre aqueles e aquelas a quem relegam à subalternidade, causando dano ou insatisfação.

No campo do gênero e da sexualidade, uma política da diferença busca desfazer o gênero. Os estudos feitos nessa perspectiva que incorpora o conceito tão temido e tão recusado vão nessa direção ou, ao menos, podem tomá-la – o que ajuda a entender por que são atacados pelos que afirmam o caráter inquestionável e natural do que compreendem como a divisão sexual humana, dentro da qual a mulher é complementar – não igual ao homem – e homossexuais, um desvio a ser literalmente sanado. Por sua vez, nos estudos de sexualidade, a incorporação do conceito de gênero tem sido tangenciada por contorcionismos para usá-lo em estudos centrados na defesa de uma identidade ou na justificativa para uma hierarquização dos segmentos da sigla LGBTI+, segundo o interesse de cada um.

Uma outra política das diferenças poderia se basear na conquista de aliados para mudanças estruturais que exigem a construção de alianças e consensos. Alternativas baseadas em formas dialógicas e diplomáticas de política assentadas na educação e no convencimento de uma população ainda largamente formada por pessoas com parco acesso ao conhecimento e à informação.

A transformação das propostas de reconhecimento e igualdade em uma agenda de costumes não foi levada a cabo apenas pela extrema-direita, mas contou com o apoio daqueles/as que contribuíram para disseminar a falsa percepção de que demandas de igualdade e reconhecimento podem ocorrer pela vigilância comportamental e vocabular, e pela retaliação moral aos que acusam de preconceituosos. Nada justifica a forma autoritária e anti-intelectual adotada por aqueles/as que nos legaram um contexto polarizado que lhes beneficia em detrimento dos interesses da coletividade. Falando entre nós – no campo do gênero e da sexualidade –, já chegou a hora de defender o direito de expressão daqueles que foram calados e perseguidos na área que ajudaram a construir.

Educar em uma era que dissemina individualismo pelas tecnologias da comunicação e informação semeando autoritarismos exige encarar o desafio de fazer com que estudantes reconheçam sua solidão e impotência. Nenhuma emancipação é possível se não superarem os discursos que os aprisionam em si mesmos e lhes vendem a ilusão de que, se persistirem ensimesmados em alguma forma de empreendedorismo de si, alcançarão satisfação ou sucesso. A partir do exposto neste livro, quiçá o melhor antídoto contra as armadilhas da esfera pública técnico-midiatizada ainda esteja na formação do espírito crítico e da capacidade de olhar para além de si próprio.

As regulações do oligopólio que domina a internet e as principais formas comunicacionais do presente ajudam e são necessárias para a preservação da democracia e a construção de outra esfera pública em que debates sejam mais racionais e baseados em fatos e evidências. Mas apenas regulações não são suficientes, já que a maior parte de nossa sociedade tem parco acesso à educação e ao conhecimento, e, para ela, a esfera pública conectada continuará a ser sua janela para o mundo. Milhões não tiveram as condições necessárias para compreender o mundo em que se inserem tampouco tomar decisões bem fundamentadas avaliando criticamente as mensagens que inevitavelmente receberão de representantes de grupos de interesse.

A era das batalhas morais só chegará ao fim se questões de justiça social voltarem a ser discutidas em registros racionais e objetivos, como os do direito e da saúde pública. Tal possibilidade envolve pesquisa e formação para promover o discernimento sobre o que se passa. Diante de uma sociedade conectada que converte diferenças em desigualdades e ainda as coloca em competição, é necessária uma educação atualizada e crítica que possa contribuir para formar gerações aptas a enfrentarem os enormes desafios que o mundo mal começa a lhes apresentar.

Referências

ADORNO, Theodor W. et al. *The authoritarian personality*. New York: Harper & Brothers, 1950.

ALCÂNTARA, Lívia M. de. Ciberativismo e a dimensão comunicativa dos movimentos sociais: repertórios, organização e difusão. *Política e Sociedade*, v. 15, n. 34, p. 315-338, 2016.

ALONSO, Angela. A política das ruas: protestos em São Paulo de Dilma a Temer. *Novos Estudos*, CEBRAP, São Paulo, p. 49-58, 2017.

ALVAREZ, Sonia. Para além da sociedade civil: reflexões sobre o campo feminista. *Cadernos Pagu*, Núcleo de Estudos de Gênero Pagu-Unicamp, Campinas, n. 43, p. 13-56, 2014.

BALIEIRO, Fernando de Figueiredo. "Não se meta com meus filhos": a construção do pânico moral da criança sob ameaça. *Cadernos Pagu*, Núcleo de Estudos de Gênero Pagu-Unicamp, Campinas, n. 53, 2018. Disponível em: <https://bityli.com/IY2lc>. Acesso em: 2 abr. 2020.

BARREIRA, Irlys. Ação direta e simbologia das "jornadas de junho": notas para uma sociologia das manifestações. *Contemporânea*, PPGS-UFSCar, São Carlos, v. 4, n. 1, p. 145-164, 2014.

BENTO, Berenice. Afeto, Butler e os NeoTFPistas. *Cult*, São Paulo, 30 out. 2017. Disponível em: <https://bityli.com/tEbAY>. Acesso em: 2 mar. 2020.

BENTO, Berenice. Quando o medo se transforma em ação política. *Justificando*, 9 maio 2018. Disponível em: <https://bityli.com/5Kdu4>. Acesso em: 21 jan. 2021.

BENTO, Berenice. Transfeminicídio: violência de gênero e o gênero da violência. In: COLLING, Leandro (Org.). *Dissidências Sexuais e de Gênero*. Salvador: EdUFBA, p. 43-68, 2016.

BIMBI, Bruno. *Matrimonio igualitario: intrigas, tensiones y secretos en el camino hacia la ley*. Buenos Aires: Planeta, 2010.

BOLSONARO, Jair Messias. Discurso de posse na presidência da República Federativa do Brasil. *Huffpost Brasil*, 2019. Disponível em: <https://bityli.com/O7f2W>. Acesso em: 25 mar. 2020.

BUCCI, Eugênio. *Existe democracia sem verdade factual?* Barueri: Estação das Letras e Cores, 2019.

BURROWS, Roger; BEER, David. Rethinking space: urban informatics and the sociological imagination. In: ORTON-JOHNSON, Kate; PRIOR, Nick. *Digital sociology: critical perspectives*. London: Palgrave MacMillan, e-book, 2013.

BUTLER, Judith. Contagious Word: Paranoia and "Homosexuality" in the Military. In: BUTLER, Judith. *Excitable Speech: A Politics of Performative*. New York/London: Routledge, 1997. p. 103-126.

BUTLER, Judith. Regulações de gênero. *Cadernos Pagu*, Núcleo de Estudos de Gênero Pagu-Unicamp, Campinas, n. 42, p. 249-274, 2014. Disponível em: <https://bityli.com/wLsEP>. Acesso em: 5 abr. 2020.

CASTELLS, Manuel. *A sociedade em rede, V. 1 – A era da informação: economia, sociedade e cultura*. São Paulo: Paz e Terra, 2011.

CASTELLS, Manuel. *O poder da comunicação*. São Paulo: Paz e Terra, 2015.

CELAM (Consejo Episcopal Latinoamericano). *Documento de Aparecida*. Bogotá: Centro de Publicaciones del CELAM, 2007.

COHEN, Stanley. *Folk Devils and Moral Panics: The Creation of Mods and Rockers*. London: MacGibbon & Kee, 1972.

COLLING, Leandro. A igualdade não faz o meu gênero. *Contemporânea*, PPGS-UFSCar, São Carlos, v. 3, n. 2, p. 405-427, 2013.

CORRÊA, Sônia. Algumas palavras sobre Ideologia de gênero: rastros perdidos e pontos cegos. In: COLÓQUIO GÊNERO AMEAÇA(N)DO. ANÁLISES E RESISTÊNCIAS, 30 e 31 out. 2017, Rio de Janeiro. Disponível em: <https://bityli.com/nhpNd>. Acesso em: 22 nov. 2017.

DAUM, Meghan. *The Problem with Everything: My Journey through The New Culture Wars*. New York: Gallery Books, 2019.

DAVENPORT, Thomas H.; BECK, John C. *The Attention Economy: Understanding The New Currency of Business*. Boston: Harvard School of Business, 2001. Disponível em: <https://bityli.com/bkSUc>. Acesso em: 5 abr. 2020.

DESLANDES, Keila. *Formação de professores e direitos humanos: construindo escolas promotoras da igualdade.* Belo Horizonte: Autêntica, 2015.

DESLANDES, Keila. Sobre disputas anti-igualitárias e políticas públicas: mais argumentos para o debate. *Interface – Comunicação, Saúde, Educação*, UNESP, Botucatu, v. 23, 2019. Disponível em: <https://bityli.com/yKnYB>. Acesso em: 21 jan. 2021.

FISHER, Max; TAUB, Amanda. How YouTube radicalized Brazil. *The New York Times*, 2019. Disponível em: <https://bityli.com/P0z5U>. Acesso em: 29 mar. 2020.

FOUCAULT, Michel. Os intelectuais e o poder: conversa entre Michel Foucault e Gilles Deleuze. In: FOUCAULT, Michel. *Microfísica do poder.* Rio de Janeiro: Graal, 2006. p. 69-78.

FRASER, Nancy. Da redistribuição ao reconhecimento? Dilemas da justiça numa era "pós-socialista". *Cadernos de Campo*, São Paulo, n. 14/15, 2006, p. 1-382.

FURLANI, Jimena. *Ideologia de gênero? Explicando as confusões teóricas presentes na cartilha.* Versão Revisada. Florianópolis: FAED, UDESC, Laboratório de Estudos de Gênero e Família, 2016.

GIGLIOLI, Daniele. *Crítica de la víctima.* Madrid: Herder, 2017.

GOLDHABER, Michael H. The Attention Economy and The Net. *First Monday*, n. 2, p. 4-7, 1997. Disponível em: <https://bityli.com/IGmar>. Acesso em: 30 mar. 2020.

HABERMAS, Jürgen. *The Structural Transformation of The Public Sphere: An Inquire into a Category of Bourgeois Society.* Cambridge: The MIT Press, 1999.

HAMLIN, Cynthia; PETERS, Gabriel. Consumindo como uma garota: subjetivação e empoderamento na publicidade voltada para mulheres. *Lua Nova*, n. 103, p. 167-202, 2018.

ILLOUZ, Eva. *Intimidades congeladas: las emociones en el capitalismo.* Buenos Aires: Katz Editores, 2007.

JUNQUEIRA, Rogério Diniz. "Ideologia de gênero": a gênese de uma categoria política reacionária – ou a promoção dos direitos humanos se tornou uma ameaça à "família natural"? In: RIBEIRO, Paula R. C.; MAGALHÃES, Joanalira C. (Eds.). *Debates contemporâneos sobre a educação para a sexualidade.* Rio Grande: EdFURG, 2017. p. 25-52.

LAMAS, Marta. *Acoso Denúncia legítima o victimización?* Ciudad de México: Fondo de Cultura, 2018.

LUNA, Naara. A controvérsia do aborto e a imprensa na campanha eleitoral de 2010. *Cadernos CRH*, UFBA, Salvador, v. 27, n. 71, p. 367-391, 2014.

MACHADO, Jorge; MISKOLCI, Richard. Das Jornadas de Junho à cruzada moral: o papel das redes sociais na polarização política brasileira. *Sociologia e Antropologia*, v. 9, n. 3, p. 945-970, 2019.

MACQUARIE. Dicionário on-line. Disponível em: <https://bityli.com/vBQEG>. Acesso em: 1 fev. 2021.

MARWICK, Alice E.; BOYD, Danah. I tweet honestly, I tweet passionately: twitter users, context collapse, and the imagined audience. *New Media & Society*, v. 13, n. 1, p. 114-133, 2010. Disponível em: <https://bityli.com/JVyfV>. Acesso em: 3 mar. 2020.

MERKLÉ, Pierre. *Sociologie des reseaux sociaux*. Paris: La Découverte, 2011.

MESSENBERG, Debora. A direita que saiu do armário. *Sociedade e Estado*, v. 32, n. 3, p. 621-647, 2017. Disponível em: <https://bityli.com/DUSle>. Acesso em: 03 abr. 2020.

MIGUEL, Luis Filipe. Da "doutrinação marxista" à "ideologia de gênero": Escola sem Partido e as leis da mordaça no parlamento brasileiro. *Direito & Práxis*, v. 7, n. 15, p. 590-561, 2016. Disponível em: <https://bityli.com/80fdH>. Acesso em: 2 abr. 2020.

MISKOLCI, Richard. *Desejos digitais*: uma análise sociológica da busca por parceiros on-line. Belo Horizonte: Autêntica, 2017.

MISKOLCI, Richard. Exorcizando um fantasma: os interesses por trás do combate à "ideologia de gênero". *Cadernos Pagu*, Núcleo de Estudos de Gênero Pagu-Unicamp, Campinas, n. 53, 2018a, epub. Disponível em: <https://bityli.com/nOh3u>. Acesso em: 1 abr. 2020.

MISKOLCI, Richard. Pânicos morais e controle social: reflexões sobre o casamento gay. *Cadernos Pagu*, Núcleo de Estudos de Gênero Pagu-Unicamp, Campinas, n. 28, p. 101-128, 2007.

MISKOLCI, Richard. Sociologia digital: notas sobre pesquisa na era da conectividade. *Contemporânea*, PPGS-UFSCar, São Carlos, Departamento e Programa de Pós-Graduação em Sociologia, v. 6, n. 2, p. 275-297, 2016.

MISKOLCI, Richard. *Teoria Queer: um aprendizado pelas diferenças.* Belo Horizonte: Autêntica, 2012.

MISKOLCI, Richard. The Moral Crusade on "Gender Ideology": Notes on Conservative Political Alliances in Latin America. *Sociologies in Dialogue*, Sociedade Brasileira de Sociologia, Porto Alegre, v. 4, n. 2, p. 44-59, 2018b.

MISKOLCI, Richard; BALIEIRO, Fernando de Figueiredo. Sociologia digital: balanço provisório e desafios. *Revista Brasileira de Sociologia*, v. 6, n. 12, p. 132-156, 2018. Disponível em: <https://bityli.com/5rHUG>. Acesso em: 2 abr. 2020.

MISKOLCI, Richard; PEREIRA, Pedro Paulo Gomes. Educação e saúde em disputa: movimentos anti-igualitários e políticas públicas. *Interface: Comunicação, Saúde, Educação*, n. 23, 2019. epub. Disponível em: <https://bityli.com/HaGeh>. Acesso em: 1 abr. 2020.

PARRA, Henrique *et al.* Infraestruturas, economia e política informacional: o caso do Google Apps for Education. *Mediações*, v. 23, n. 1, p. 63-99, 2018.

PASQUALE, Frank. A esfera pública automatizada. *Líbero*, n. 39, 2017. Disponível em: <https://bityli.com/f818m>. Acesso em: 1 abr. 2020.

PATTERNOTE, David; KUHAR, Roman (Eds.). *Anti-Gender Campaigns in Europe*: Mobilizing Against Equality. London/New York: Rowman & Littlefield, 2017.

PECHENY, Mario. Political Agents or Vulnerable Victims? Framing Sexual Rights as Sexual Health in Argentina In: AGGLETON, Peter; PARKER, Richard (Eds.). *Handbook of Sexuality, Health and Rights.* New York: Routledge, 2010. p. 359-369.

PECHENY, Mario; ZAIDAN, Luca; LUCCACINI, Mirna. Sexual Activism and "Actually Existing Eroticism": The Politics of Victimization and "Lynching" in Argentina. *International Sociology*, International Sociological Association, Madrid, v. 4, n. 4, p. 544-470, 2019.

PELÚCIO, Larissa. *Amor em tempos de aplicativos: masculinidades heterossexuais na nova economia do desejo.* São Paulo: Annablume/FAPESP, 2019.

PELÚCIO, Larissa; DUQUE, Tiago. "Cancelando" o Cueir. *Contemporânea*, PPGS-UFSCar, São Carlos, Departamento e Programa de Pós-Graduação em Sociologia, v. 10, n.1, p. 125-151, 2020.

PEREIRA, Pedro Paulo Gomes. Judith Butler e a Pomba Gira. *Cadernos Pagu*, Núcleo de Estudos de Gênero Pagu-Unicamp, Campinas, n. 53, 2018.

PIMENTA, Angela. Claire Wardle: combater a desinformação é como varrer as ruas. *Observatório da Imprensa*, São Paulo, 14 nov. 2017. Disponível em: <https://bityli.com/lxnnx>. Acesso em: 06 abr. 2020.

PINTO, Celi Regina J. *Uma história do feminismo no Brasil*. São Paulo: Fundação Perseu Abramo, 2003.

POLANYI, Karl. (1944). *A grande transformação: as origens de nossa época*. Rio de Janeiro: Campus, 2000.

POMAR, Marcelo. Não foi um raio em céu azul. In: JUDENSNAIDER, Elena; LIMA, Luciana; ORTELLADO, Pablo (Orgs.). *Vinte centavos: a luta contra o aumento*. São Paulo, Veneta, 2013.

PRANDI, Reginaldo; SANTOS, Renan William dos. Quem tem medo da bancada evangélica? Posições sobre moralidade e política no eleitorado brasileiro, no Congresso Nacional e na Frente Parlamentar Evangélica. *Tempo Social*, Departamento e Programa de Pós-Graduação em Sociologia da USP, São Paulo, v. 29, n. 2, p. 181-214, 2017.

PRANDI, R.; SOUZA, J. R. A carismática despolitização da Igreja Católica. In: PIERUCCI, A. F.; PRANDI, R. (Orgs.). *A realidade social das religiões no Brasil*. São Paulo: Hucitec, 1996. p. 55-91

RIBEIRO, Márcio Moretto; ORTELLADO, Pablo. O que são e como lidar com notícias falsas: dos sites de notícias falsas às mídias hiperpartidárias. *Sur*, v. 27, n. 15, p. 71-83, 2018. Disponível em: <https://bityli.com/ISFl4>. Acesso em: 23 mar. 2020.

SANTOS, Gustavo Gomes da Costa; MELO, Bruno Leonardo Ribeiro de. The Opposition to LGBT Rights in The Brazilian National Congress (1986-2016): Actors, Dynamics of Action and Recent Developments. *Sociologies in Dialogue*, Sociedade Brasileira de Sociologia, Porto Alegre, p. 80-108, 2018.

SCOTT, Joan W. A invisibilidade da experiência. *Projeto História 16*, PUC, São Paulo, 1998.

SILVA, Felipe C. da; SOUZA, Emilly M. F. de; BEZERRA, Marlon A. (Trans)tornando a norma cisgênera e seus derivados. *Revistas Estudos Feministas*, Instituto de Estudos de Gênero, Florianópolis, v. 27, 2019.

SPIVAK, Gayatri C. *Pode o subalterno falar?* Belo Horizonte: EdUFMG, 2010.

TEIXEIRA, Jacqueline M. *A mulher universal: corpo, gênero e pedagogia da prosperidade.* Rio de Janeiro: Mar de Ideias, 2016

TORRES, Igor Leonardo de Santana; FERNANDES, Felipe Bruno Martins. Se sofrer LGBTfobia na universidade, denuncie! O Queer Punitivista no Contexto de Precarização do Trabalho. *Diversidade e Educação*, v. 5, p. 40-60, 2018.

TURKLE, Sherry. *Alone Together: Why Do We Expect More from Technology and Less from Each Other?* New York: Basic Books, 2011.

Van DIJCK, Jose. *La cultura de la conectividade.* Buenos Aires: Siglo Veinteuno, 2016.

WILLIAMS, Raymond. *Televisão: tecnologia e forma cultural.* São Paulo: Boitempo, 2016.

WOOLF, Virginia. (1929). *A room of one's own + Three Guineas.* London: Vintage Books, 2001.

Agradecimentos

Agradeço as leituras atenciosas de Celi Scalon, Iara Beleli, Larissa Pelúcio e Miriam Adelman ao memorial que redigi para promoção a Professor Titular da Universidade Federal de São Paulo (UNIFESP), o qual serviria de base para a tese que converti neste livro.

Durante a redação, contei com o inestimável diálogo com Fernando de Figueiredo Balieiro, Pedro Paulo Gomes Pereira, Raphael Neves e Rossana Rocha Reis. Também sou grato às sugestões da comissão que avaliou a tese de titularidade em junho de 2020: Bila Sorj, Maria Inês Rauter Mancuso, Keila Deslandes e Luiz Ramos.

Por fim, agradeço à Autêntica Editora pela parceria profícua e o apoio de toda sua equipe.

Richard Miskolci
São Paulo, fevereiro de 2021.

Este livro foi composto com tipografia Minion Pro e
impresso em papel Off-White 70 g/m² na Formato Artes Gráficas.